¿EL T REX TENÍA PLUMAS?

THOMAS CANAVAN

TRADUCCIÓN: JULIÁN ALEJO SOSA

UN SELLO DE
VR EDITORAS

Título original: *Big ideas: Did T. Rex have feathers?*
Dirección editorial: Marcela Aguilar
Edición: Soledad Alliaud
Coordinación de diseño: Marianela Acuña
Adaptación de diseño: Cecilia Aranda
Ilustraciones: Luke Séguin-Magee

México: Dakota 274, colonia Nápoles
C. P. 03810, alcaldía Benito Juárez, Ciudad de México
Tel.: 55 5220-6620 • 800-543-4995
e-mail: editoras@vreditoras.com.mx

Argentina: Florida 833, piso 2, oficina 203, (C1005AAQ), Buenos Aires
Tel.: (54-11) 5352-9444
e-mail: editorial@vreditoras.com

Primera edición: enero de 2021

ISBN: 978-607-8712-55-7

Impreso en México en Litográfica Ingramex, S. A. de C. V.
Centeno No. 195, Col. Valle del Sur, C. P. 09819
Alcaldía Iztapalapa, Ciudad de México.

CONTENIDO

¿CUÁNDO VIVIERON LOS DINOSAURIOS?

Los dinosaurios fueron un grupo de reptiles que reinaron nuestro planeta durante unos 180 millones de años en un tiempo llamado Era Mesozoica, compuesto por tres períodos más cortos: el Triásico, el Jurásico y el Cretácico.

PERÍODO TRIÁSICO

(HACE ENTRE 251 Y 199,6 MA*)

Los primeros dinosaurios aparecieron hace unos 228 millones de años. En aquel entonces, la Tierra era un supercontinente llamado Pangea. Hace 216 millones de años, estos dinosaurios ya se habían esparcido por todo el mundo.

PERÍODO JURÁSICO

(HACE ENTRE 199,6 Y 145,5 MA*)

Al inicio del Jurásico, Pangea se dividió en dos continentes. Las masas de tierra más pequeñas se alejaron y nuevas especies evolucionaron dentro de ellas. Así aparecieron los primeros dinosaurios gigantes.

PERÍODO CRETÁCICO

(HACE ENTRE 145,5 Y 65,5 MA*)

La Tierra se dividió en continentes más pequeños y la temperatura se elevó. La vida vegetal y animal floreció y muchas especies nuevas evolucionaron, algunas de los cuales alcanzaron alturas extraordinarias.

*MA = MILLONES DE AÑOS

GRANDES
DESCUBRIMIENTOS

¿QUÉ ERAN LOS DINOSAURIOS?

Los dinosaurios fueron un grupo de reptiles terrestres que aparecieron por primera vez hace 230 millones de años. Había cientos de especies: algunos eran herbívoros amigables y otros eran asesinos feroces. Luego de dominar el mundo por 160 millones de años, se extinguieron hace 65 millones de años.

¿LO SABÍAS?

El Triceratops, el Tyrannosaurus rex y el Edmontosaurus vivieron en América del Norte durante el período Cretácico tardío (hace entre 76 y 65 millones de años).

¿CÓMO ERAN LOS DINOSAURIOS?

Los dinosaurios tenían una variedad asombrosa de formas, tamaños y colores. Algunos eran más altos que un edificio de tres pisos y pesaban más que 12 elefantes. Otros no eran más grandes que una gallina. Algunos tenían piel escamosa y camuflada, y caminaban lentamente en cuatro patas. Otros estaban cubiertos por plumas coloridas y corrían con agilidad en dos patas.

¿QUÉ SIGNIFICA "DINOSAURIO"?

Cuando en el siglo XIX se encontraron los primeros fósiles de dinosaurios, los científicos no estaban seguros de lo que habían descubierto. Llamaron a los dueños de esos enormes huesos fosilizados dinosaurus, que se traduce como "lagartos terribles".

¿LO SABÍAS?

Los dinosaurios eran distintos a otros reptiles porque sus patas estaban ubicadas justo por debajo de ellos y no a sus lados.

¿CÓMO SABEMOS DE LOS DINOSAURIOS?

Todo lo que sabemos sobre ellos lo aprendimos de los restos que dejaron atrás. Esto incluye huesos y esqueletos fosilizados, huellas preservadas en rocas y estiércol fosilizado. Al estudiar estos restos, los científicos pueden establecer cómo se veían, cómo se movían y qué comían.

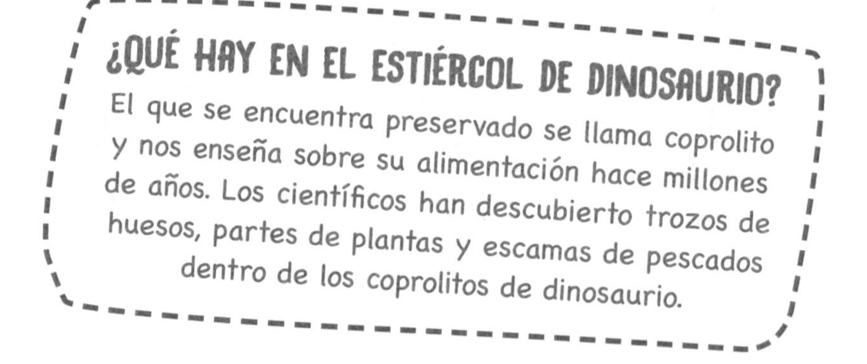

¿QUÉ HAY EN EL ESTIÉRCOL DE DINOSAURIO?

El que se encuentra preservado se llama coprolito y nos enseña sobre su alimentación hace millones de años. Los científicos han descubierto trozos de huesos, partes de plantas y escamas de pescados dentro de los coprolitos de dinosaurio.

¿CÓMO DEJABAN SUS HUELLAS?

Muchos dinosaurios dejaron sus huellas sobre suelo suave y pantanoso que luego se secó al sol y se endureció. Con el tiempo, estas huellas quedaron enterradas bajo tierra, lodo y agua, y se fosilizaron. Esto hizo que quedaran sólidas como una roca. Sus huellas nos dan información sobre su peso, su forma de caminar y si se movían en manada.

¿LO SABÍAS?

La fosilización ocurre cuando un animal o una planta queda preservada en el tiempo.

¿QUIÉNES SON LOS EXPERTOS EN DINOSAURIOS?

A los científicos que estudian los fósiles de los dinosaurios se los llama paleontólogos. Y se diferencian de los arqueólogos, que estudian vidas humanas pasadas y sus actividades.

¿QUÉ ES UN FÓSIL?

Son los restos de un animal o una planta que quedaron enterrados bajo tierra y preservados en las rocas. Suelen estar compuestos por las partes más duras de un animal, como sus dientes o huesos. Las marcas de huellas y plumas también pueden estar fosilizadas. Su tamaño varía: pueden ser tan pequeños como un diente o una garra, o tan grandes como el esqueleto completo de un dinosaurio.

¿QUÉ SON LOS AMONITES?

Son moluscos fósiles con cubierta externa en espiral, que abundaban en la era de los dinosaurios.

¿CÓMO SE FORMA UN FÓSIL?

1. Un fósil se forma cuando los restos de una criatura son cubiertos por arena, lodo o sedimentos. Con el tiempo, las partes blandas del cuerpo se descomponen, pero quedan los huesos duros y dientes.
2. Durante millones de años, las capas de la tierra cubren estos restos y distintos fluidos con minerales se filtran por las grietas de los huesos y dientes.
3. Los minerales se cristalizan y, junto con los restos, se endurecen para formar un fósil.
4. Millones de años más tarde, los paleontólogos los descubren cuando hacen excavaciones.

¿LO SABÍAS?

Un icnofósil es una marca dejada por un dinosaurio, tal como una huella o la marca de su piel.

¿QUIÉNES DESCUBRIERON A LOS DINOSAURIOS?

Mary Ann Mantell y su esposo, el doctor Gideon Mantell, fueron unos de los primeros en descubrir huesos de dinosaurio en 1822. Caminaban por una campiña inglesa, cuando hallaron lo que parecía ser un diente de lagarto y varios huesos enterrados en el suelo. La pareja continuó excavando hasta que encontraron una criatura inmensa a sus pies.

¿QUÉ DINOSAURIO ENCONTRARON?

Luego de mucha investigación, el doctor Mantell concluyó que los dientes y huesos pertenecían a un reptil similar a una iguana. Llamó a esta criatura Iguanodon, que significa "diente de iguana".

¿CÓMO LUCÍA EL IGUANODON?

Al principio, Mantell creía que este dinosaurio caminaba en cuatro patas, tenía una nariz puntiaguda y arrastraba su cola por el suelo. Pero sus teorías fueron modificándose luego de que se descubrieran los restos de 40 ejemplares en una mina en Bélgica en 1878. Los esqueletos mostraron que el Iguanodon caminaba en dos patas, tenía garras en los pulgares y mantenía la cola levanta da del suelo.

¿LO SABÍAS?

El Iguanodon podía medir 10 metros de largo y pesar 5.000 kg.

¿TODOS LOS DINOSAURIOS ERAN PARIENTES?

Hay cientos de especies diferentes de dinosaurios, pero todas pertenecían a una familia antigua llamada arcosaurios o "reptiles dominantes". Los cocodrilos y las aves de la actualidad también pertenecen a esta familia, al igual que otras criaturas extrañas y sorprendentes que vivieron junto a los dinosaurios durante la Era Mesozoica.

¿QUÉ SON LOS ARCOSAURIOS?

Son un grupo de criaturas que comparten cualidades físicas. Estas pueden verse con mayor claridad en sus cráneos: todos los arcosaurios tenían una cavidad delante de sus ojos llamada "fenestra anteorbital", que los ayudaba a respirar. Otra cavidad muscular cerca de la parte trasera de su mandíbula inferior les permitía morder con mayor fuerza.

¿CÓMO ERAN LOS ANCESTROS DE LOS DINOSAURIOS?

El Euparkeria es uno de los arcosaurios más antiguos que se conocen y un ancestro de los dinosaurios que vinieron después. Tenía piel escamosa, la espalda cubierta por placas pequeñas e irregulares y dientes filosos y puntiagudos. Caminaba en dos patas y se alimentaba de vertebrados pequeños.

¿LO SABÍAS?

El Euparkeria vivió en Sudáfrica durante el período Triásico temprano (hace entre 252 y 247 millones de años). Podía crecer hasta 70 cm de largo, 20 cm de alto y pesar entre 7 y 14 kilos.

¿CUÁLES FUERON LOS PRIMEROS DINOSAURIOS?

Los primeros dinosaurios reales fueron pequeños carnívoros, como el Eoraptor. Este apareció en América del Sur durante el período Triásico tardío. Podía alcanzar los 2 metros de altura, y tenía garras curvas afiladas, huesos huecos para la rapidez y un cráneo que absorbía golpes cuando mordía a sus presas. Evolucionó hasta convertirse en dinosaurios más grandes y asesinos.

¿EL EORAPTOR COMÍA CARNE?

A menudo el Eoraptor es considerado uno de los primeros dinosaurios. Al pararse en dos patas y contar con dos brazos pequeños, se asemejaba a los grandes depredadores que aparecerían más tarde. Sin embargo, había una gran diferencia: su mandíbula contenía una serie de dientes para desgarrar carne y otros para moler plantas, lo que significa que debía alimentarse de ambas cosas para sobrevivir.

¿EL PLATEOSAURUS CAMINABA EN DOS O CUATRO PATAS?

Este herbívoro del período Triásico tardío vivió en las planicies de Europa. Una gran cantidad de fósiles, adultos y jóvenes, se hallaron en lo que hoy es Alemania. Es un eslabón entre los dinosaurios carnívoros de dos patas y los herbívoros de cuatro, ya que caminaba en cuatro patas, pero también podían pararse en dos para alcanzar las hojas de la copa de los árboles. Fue el primer dinosaurio capaz de comer plantas altas; antes, los herbívoros eran bajos, tenían cuello corto y solo comían lo que encontraban al nivel del suelo.

¿CÓMO SE CLASIFICA A LOS DINOSAURIOS?

Los dinosaurios se dividen en dos grupos principales y están clasificados de acuerdo a la forma de sus caderas: los saurisquios, que significa "cadera de lagarto", y los ornitisquios, que significa "cadera de ave".

¿LO SABÍAS?

Si bien ornitisquio significa "cadera de ave", las aves modernas han evolucionado de los dinosaurios saurisquios.

¿CUÁLES ERAN LOS SAURISQUIOS?

Eran dinosaurios carnívoros y herbívoros que tenían caderas similares a las de los lagartos modernos. Esto significa que los dos huesos de sus caderas inferiores apuntaban en direcciones opuestas. El T-Rex fue uno de los saurisquios más famosos.

¿CUÁLES ERAN LOS ORNITISQUIOS?

Eran dinosaurios herbívoros con caderas similares a las de un ave moderna. Sus caderas se encontraban recostadas y apuntaban hacia atrás, lo cual les daba más estabilidad para caminar.

Algunos dinosaurios ornitisquios eran gigantes de cuatro patas, como el inmenso Brachiosaurus. Otros, como el Heterodontosaurus, caminaban en dos patas y algunos, como el Iguanodon, podían caminar de ambas formas.

¿LO SABÍAS?

Heterodontosaurus significa "lagarto de dientes diferentes" y, si bien parecía carnívoro, en realidad comía plantas.

¿CUÁNDO VIVIERON LOS DINOSAURIOS?

Los dinosaurios vivieron, se desarrollaron y se extinguieron durante la Era Mesozoica, la cual duró 180 millones de años. Se la divide en tres períodos más cortos: el Triásico, el Jurásico y el Cretácico. Los dinosaurios aparecieron hace cerca de 230 millones de años, durante el Triásico tardío. Para fines del período Cretácico, se extinguieron.

¿LO SABÍAS?

Durante el período Triásico, la Tierra giraba más rápido de lo que lo hace ahora. En ese entonces, un día duraba 23 horas.

¿CÓMO FUE EL PERÍODO TRIÁSICO?

Durante este período, los continentes estaban unidos en una masa de tierra inmensa llamada Pangea. Esta consistía en un vasto terreno con un desierto seco y cálido en el medio. Cerca de las costas fue donde aparecieron nuevas formas de vida animal y los primeros bosques.

¿Y EL PERÍODO JURÁSICO?

Durante este período, Pangea se dividió en dos grandes continentes. Nuevos océanos y ríos comenzaron a formarse y la atmósfera se llenó de más oxígeno. Muchas formas de vida animal y vegetal evolucionaron en este tiempo.

¿CÓMO FUE EL PERÍODO CRETÁCICO?

Durante este período, los continentes se dividieron en masas más pequeñas, similares a las que tenemos en la actualidad. Hubo un gran florecimiento de la vida: aparecieron las plantas florales y los dinosaurios evolucionaron hacia los 250 tipos distintos que conocemos. El clima era cálido, y el polo norte y sur no tenían capas de hielo permanentes.

¿QUÉ EXTINGUIÓ A LOS DINOSAURIOS?

Hace unos 65 millones de años, un evento catastrófico y gigantesco extinguió a más del 75% de la vida en la Tierra, incluyendo a los dinosaurios. La mayoría de los científicos concuerdan en que esta extinción masiva fue causada por un asteroide, que medía unos 24 km de diámetro y se estrelló al noreste de la península de Yucatán, al doble de la velocidad de una bala.

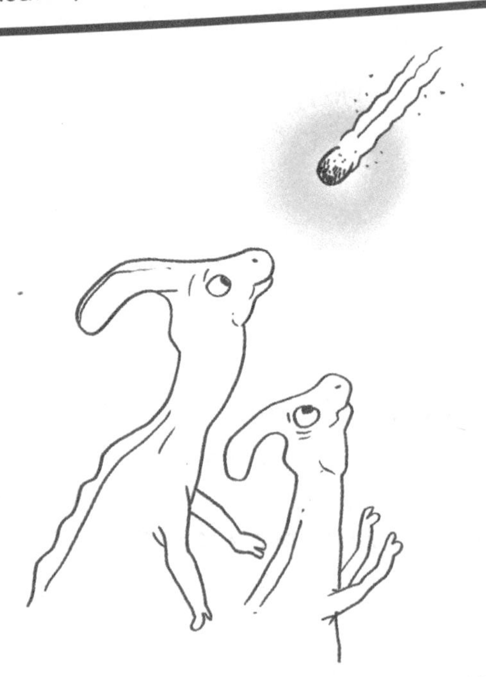

¿CÓMO FUE EL IMPACTO DEL ASTEROIDE?

Fue como un millón de bombas atómicas explotando a la vez. Primero, hubo una inmensa onda expansiva, seguida por tsunamis, incendios y polvo caliente que cubrió el cielo. Al enfriarse, el polvo dejó una capa de nubes negras que duró por meses y bloqueó la llegada de la luz del sol a la superficie terrestre. Sin ella, la vida animal y vegetal se extinguió.

¿TODOS LOS DINOSAURIOS MURIERON ENSEGUIDA?

No. Los primeros en extinguirse fueron los herbívoros grandes, que dependían de enormes cantidades de vida vegetal para sobrevivir. Esto dejó a los carnívoros sin comida, por lo que se extinguieron meses después, seguidos por dinosaurios más pequeños. Algunas formas de vida animal, como los cocodrilos, lograron sobrevivir.

¿QUÉ OTRAS CRIATURAS SOBREVIVIERON?

Entre los animales que sobrevivieron casi sin cambios encontramos a las ranas, serpientes, tortugas, tiburones y muchos insectos y arácnidos (como arañas y escorpiones). Las libélulas también resistieron a la extinción masiva y están en la Tierra desde hace más de 300 millones de años.

¿LO SABÍAS?

El asteroide que causó la extinción de los dinosaurios dejó un cráter de 180 kilómetros de diámetro.

¿HAY ALGÚN DINOSAURIO VIVO HOY?

Ninguno sobrevivió a la extinción masiva. Pero algunas criaturas que son descendientes directos de los dinosaurios comparten el planeta con nosotros en la actualidad: las aves. Los descendientes de otras criaturas que vivieron con los dinosaurios también están hoy en la Tierra.

¿CÓMO ES QUE LAS AVES DESCIENDEN DE LOS DINOSAURIOS?

Con el tiempo, los dinosaurios desarrollaron características que les transfirieron a las aves modernas, tales como las plumas, los picos, las garras y colas óseas. Un dinosaurio que se asemejaba mucho a las aves era el Caudipteryx. Este tenía el tamaño de un pavo y estaba cubierto de plumas, pero tenía los dientes y huesos de un dinosaurio.

EL MUNDO
DE LOS
DINOSAURIOS

¿CÓMO ERA EL MUNDO DE LOS DINOSAURIOS?

Era un mundo de constantes cambios. Durante millones de años, cientos de especies diferentes de dinosaurios aparecieron y se extinguieron, a medida que nuestro planeta atravesaba sus propias transformaciones. En aquel entonces, todos los climas imaginables se sucedían entre sí: desiertos, pantanos, humedales, bosques, tundras y planicies abiertas.

¿QUIÉNES SE APODERARON DE LAS PLANICIES?

Las planicies del Cretácico tardío estaban dominadas por manadas de dinosaurios herbívoros. Entre ellos se incluyen los ceratópsidos: dinosaurios con cuernos y collar óseo, tales como el Centrosaurus, Styracosaurus y Chasmosaurus. Los ceratópsidos eran cazados por depredadores como el Albertosaurus.

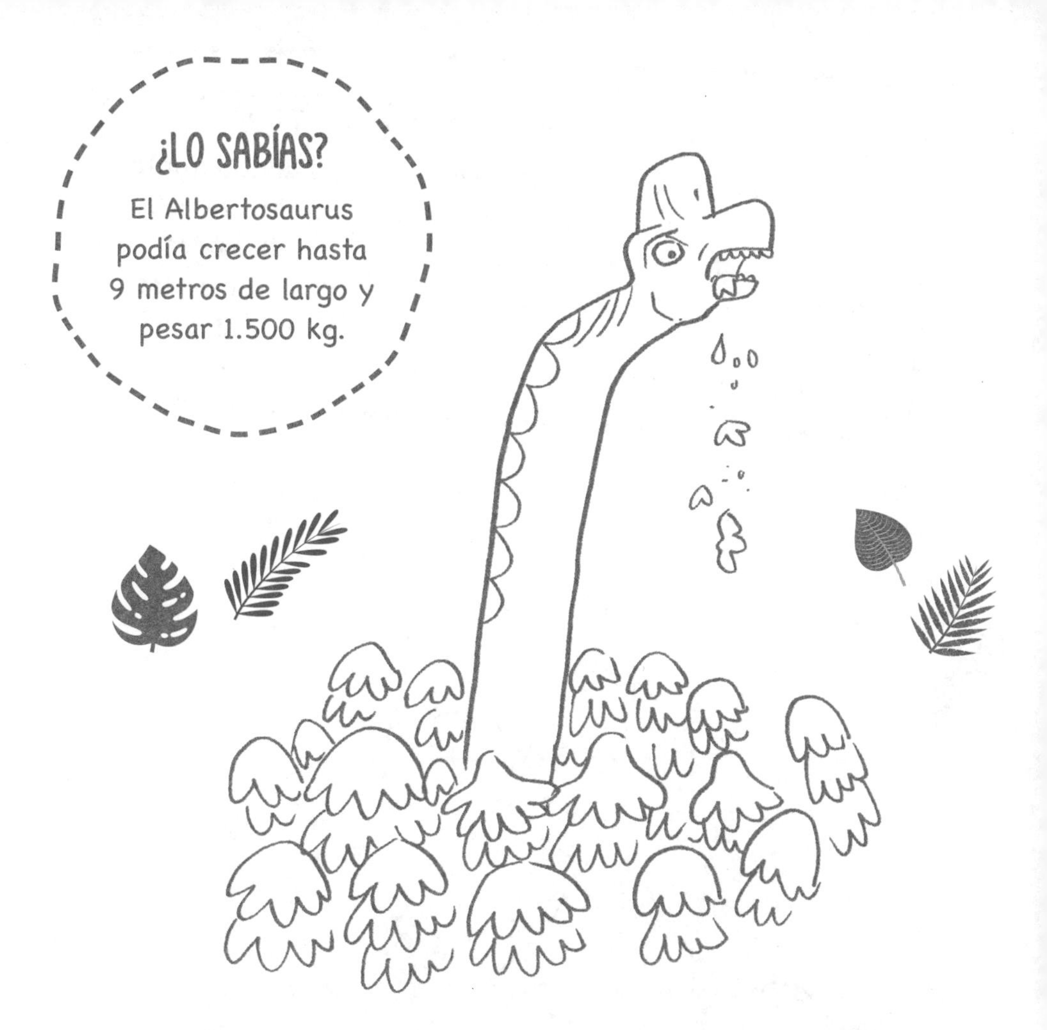

¿LO SABÍAS?

El Albertosaurus podía crecer hasta 9 metros de largo y pesar 1.500 kg.

¿QUIÉN REINABA EN LOS BOSQUES?

Los bosques del período Cretácico eran el hogar de algunos de los dinosaurios más aterradores, como el Tyrannosaurus rex y el Troodon. Estos cazaban herbívoros como el Kritosaurus, un dinosaurio con pico de pato que se alimentaba de arbustos rastreros. Los bosques también estaban dominados por grandes herbívoros, como el Diplodocus y el Stegosaurus.

¿QUÉ REPTILES DOMINABAN LOS CIELOS?

Mientras que los dinosaurios dominaban la tierra durante la Era Mesozoica, un grupo diferente de reptiles reinaba el aire. Estos depredadores voladores eran llamados pterosaurios o "lagartos alados", y eran el terror de los cielos. Sin embargo, no estaban solo confinados al aire: también cazaban criaturas terrestres y marinas.

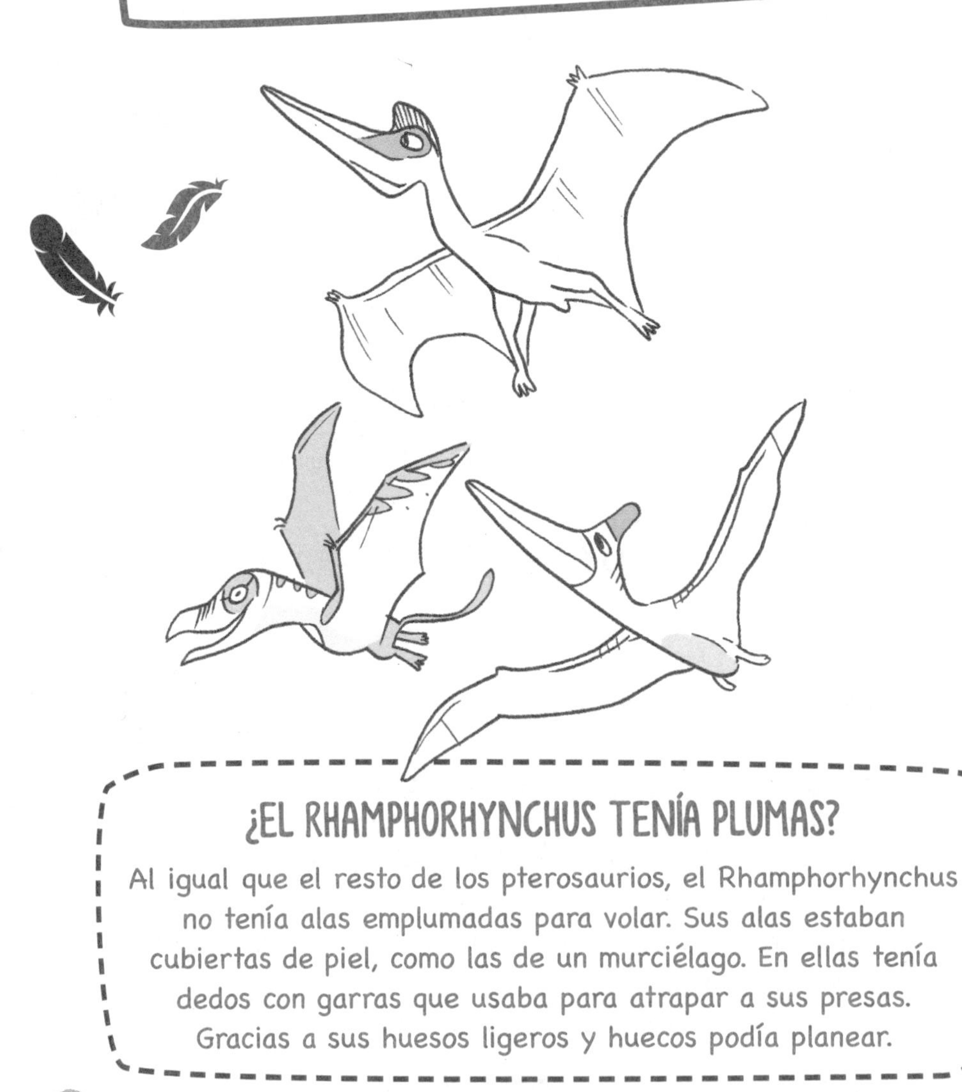

¿EL RHAMPHORHYNCHUS TENÍA PLUMAS?

Al igual que el resto de los pterosaurios, el Rhamphorhynchus no tenía alas emplumadas para volar. Sus alas estaban cubiertas de piel, como las de un murciélago. En ellas tenía dedos con garras que usaba para atrapar a sus presas. Gracias a sus huesos ligeros y huecos podía planear.

¿EL QUETZALCOATLUS FUE EL ANIMAL VOLADOR MÁS GRANDE?

Con 12 metros de envergadura (distancia entre los extremos de las alas), se lo considera uno de los animales voladores más grandes de todos los tiempos. Nadie sabe con certeza si cazaba en el mar o en la tierra, pero algunos estudios demostraron que podría volar largas distancias en busca de comida. Se estima que su velocidad máxima en el aire era de 128 km/h.

¿QUÉ REPTILES REINABAN EN LOS MARES?

Mientras que los dinosaurios vivían en la tierra y los pterosaurios dominaban los aires, un grupo diferente de reptiles controlaba los mares. Estos inmensos reptiles marinos contaban con cuerpos lisos y dinámicos para desplazarse con facilidad en el agua y cazar a sus presas. El Dakosaurus fue un depredador marino del tamaño de un cocodrilo grande que vivió durante el período Cretácico temprano.

¿CUÁNTO MEDÍA EL KRONOSAURUS?

El Kronosaurus fue una de las criaturas más grandes y letales que habitó los mares, y habría hecho que un tiburón moderno se viera diminuto a su lado. Pertenecía a la familia de reptiles marinos llamados pliosaurios y podía llegar a medir hasta 10 metros de largo y pesar una tonelada. Tenía cuello corto, aletas anchas y una extensa mandíbula. Con su poderosa mordida atrapaba y luego aplastaba a sus presas.

¿POR QUÉ EL ELASMOSAURUS TENÍA EL CUELLO LARGO?

El Elasmosaurus pertenecía a la familia de reptiles marinos llamados plesiosaurios, los cuales por lo general tenían cuello largo y eran parecidos a los dinosaurios saurópodos terrestres. Se cree que usaba su extenso cuello para atrapar presas escurridizas y llevarlas directo a su boca.

¿LO SABÍAS?

El Elasmosaurus podía crecer hasta 14 metros de largo y pesar 2.000 kg.

¿TODOS LOS DINOSAURIOS ERAN CARNÍVOROS?

Los dinosaurios disfrutaban de tres tipos de dietas diferentes. Los herbívoros comían plantas, los carnívoros comían carne y los omnívoros comían de todo. Los terópodos, como el Tarbosaurus aquí a tu derecha, eran carnívoros grandes. Necesitaban consumir enormes cantidades de carne todos los días. Sin embargo, no todos los carnívoros eran grandes asesinos; algunos sobrevivían comiendo insectos y lagartijas.

¿LO SABÍAS?

El Tarbosaurus podía crecer hasta 13 metros de largo, 4,3 metros de alto y pesar 6.350 kg.

¿TODOS LOS CARNÍVOROS TENÍAN DIENTES FILOSOS?

No todos los dinosaurios de dos patas tenían dientes afilados. El Gallimimus era del tamaño de un pavo y tenía pico en lugar de hocico, que usaba para comer insectos acuáticos y romper semillas.

¿LO SABÍAS?

El Tarbosaurus usaba su poderosa mandíbula y dientes rompe-huesos para matar a sus presas.

¿QUÉ SIGNIFICA "TERÓPODO"?

Todos los dinosaurios carnívoros pertenecían al suborden de los terópodos, que significa "pie de bestia". Los terópodos grandes eran máquinas asesinas perfectamente diseñadas: cabezas grandes, cuellos anchos y patas poderosas. Estos depredadores usaban sus extremidades con dedos para sujetar a sus presas y desgarrar su carne. Algunos terópodos más pequeños, como el Struthiomimus, eran rápidos y ágiles y usaban sus garras largas para cazar.

¿QUÉ COMÍA LA MAYORÍA DE LOS DINOSAURIOS?

La mayoría de los dinosaurios eran herbívoros. Algunos, como los Triceratops, caminaban casi al ras del suelo y tenían cuernos y picos. Otros, como los Hadrosaurus, tenían menos protección, pero desarrollaron una dentadura especial para masticar su comida. Los herbívoros conocidos como saurópodos crecieron hasta los tamaños más grandes que se hayan visto en la Tierra.

¿CÓMO ERAN LOS DIENTES DE LOS HERBÍVOROS?

Eran distintos a los dientes de los carnívoros. En lugar de ser filosos y dentados, tenían forma de pinza, hoja y diamante para devorar las plantas que comían. Los saurópodos más grandes tenían dientes con los que podían arrancar las hojas de los árboles, pero ninguno para molerlas. Pues necesitaban comer constantemente para alimentar sus enormes cuerpos; ¡no tenían tiempo para masticar!

¿LO SABÍAS?

Los Triceratops tenían un pico para arrancar plantas duras y dientes fuertes para triturarlas.

¿CÓMO SE REPRODUCÍAN LOS DINOSAURIOS?

Los dinosaurios daban a luz poniendo huevos, al igual que los reptiles y aves de hoy. Algunos, como el Oviraptor, se sentaban sobre los huevos para mantenerlos cálidos. Mientras que otros, como el Argentinosaurus, ponían miles de huevos en colonias y dejaban que nacieran solos.

¿LOS DINOSAURIOS COMÍAN HUEVOS?

Para muchos carnívoros los huevos y los recién nacidos eran una presa fácil. Por eso, algunos dinosaurios cuidaban sus nidos. El Protoceratops ponía sus huevos en un pozo en el suelo para resguardarlos y se quedaba cerca para protegerlos de los depredadores.

¿SE SENTABAN EN SUS NIDOS COMO LAS AVES?

El Oviraptor cuidaba su propio nido, el cual era un pozo en el suelo. También sabemos que se sentaba sobre los huevos hasta que sus crías nacían.

¿CÓMO ERAN LOS HUEVOS DE LOS DINOSAURIOS?

Tenían una cáscara dura, al igual que los huevos de las aves, y venían en distintas formas y tamaños. La mayoría eran alargados, pero los huevos de los Diplodocus tenían el tamaño y la forma de una pelota de fútbol. Los huevos del Maiasaura, aquí abajo, eran ovalados y tenían el tamaño de un pomelo.

¿LO SABÍAS?

Maiasaura significa "reptil buena madre". Se encontraron restos bien preservados de un bebé Maiasaura aún dentro de su huevo.

¿LOS DINOSAURIOS VIVÍAN EN MANADA?

A los herbívoros, vivir en manada les brindaba protección. Los grandes saurópodos, como el Saltasaurus, ponían a sus crías en el centro de la manada para mantenerlas a salvo. Los adultos más grandes se quedaban afuera para alertar sobre cualquier depredador.

¿Y MIGRABAN?

Era muy común que los saurópodos grandes migraran durante el verano, al igual que las cebras en la actualidad. Al estudiar sus dientes y alimentación, los científicos pueden rastrear su recorrido. Se cree que, cada verano, avanzaban desde las planicies hacia tierras más elevada en busca de comida. Se han hallado grupos de huellas por todo el mundo, desde Canadá hasta Australia.

¿CÓMO SABEMOS QUE VIVÍAN EN GRUPO?
Las huellas fosilizadas de los saurópodos indican que muchos deambulaban en manada. Las huellas más pequeñas y ligeras de los más jóvenes confirman que estaban protegidos en el centro del grupo. En 1940, se encontraron huellas fosilizadas de 23 saurópodos que estaban corriendo en San Antonio, Texas.
¿LO SABÍAS?
Las huellas de los saurópodos halladas en Texas indican que el Sauroposeidon podía correr a una velocidad de 7 km/h.

¿CÓMO SE COMUNICABAN LOS DINOSAURIOS?
Los herbívoros se advertían del peligro haciendo circular más sangre por su cuerpo, batiendo sus alas o emitiendo sonidos fuertes. Algunos desarrollaron formas especiales para hacerse escuchar. El Parasaurolophus usaba la cresta que tenía sobre su cabeza para producir un sonido similar a un graznido o mugido. Una teoría reciente sugiere que sus sonidos de advertencia sonaban como la bocina de un barco.

¿CÓMO GRAZNABA EL PARASAUROLOPHUS?

El Parasaurolophus, que pertenece a la familia de los hadrosáuridos, tenía una cresta larga en su cabeza. Dentro de esta había un tubo hueco que se conectaba con su nariz y boca. De esta manera, podía soplar a través de esta trompeta natural para advertirles a los demás del peligro y también para atraer a los de su especie. Otros hadrosáuridos, como el Saurolophus de aquí abajo, podrían haber utilizado su cresta de igual modo.

¿POR QUÉ NECESITABA UNA SEÑAL DE ADVERTENCIA?

El Parasaurolophus necesitaba una buena señal ya que no tenía garras, caparazón ni dientes filosos para protegerse.

¿CÓMO SE VEÍA LA PIEL DE DINOSAURIO?

Los dinosaurios podían tener un gran abanico de colores, desde verdes y castaños hasta rojos, amarillos y azules brillantes. Sin embargo, durante años nadie estaba seguro de cómo era la piel de dinosaurio. En el año 2002, los científicos descubrieron el pigmento de la piel de un Sinosauropteryx con un microscopio. Su piel era castaño rojizo, tenía plumas y una cola rayada.

¿DE QUÉ COLORES ERAN?

Se cree que los saurópodos gigantes eran de tonos opacos, como verde o café. Los carnívoros, probablemente, tenían rayas y manchas como un leopardo o un tigre que los ayudaban a camuflarse cuando cazaban.

¿QUÉ TAN GRUESA ERA SU PIEL?

La piel de los dinosaurios era gruesa y escamosa como la de los reptiles modernos. Tenía que ser lo suficientemente fuerte para no desgarrarse con facilidad, y flexible para darles libertad de movimiento. También debía ser a prueba de agua para protegerlos de los elementos. Esta piel evitaba que se secaran a la luz del sol y que no ingresara líquido a su interior.

¿SOBREVIVIÓ ALGO DE PIEL DE DINOSAURIOS?

Los dinosaurios dejaron atrás piel como marcas fosilizadas. Esto nos permite conocer su textura, pero no su color.

¿QUÉ OTRAS CRIATURAS VIVIERON CON LOS DINOSAURIOS?

Durante la Era Mesozoica, los dinosaurios eran las criaturas terrestres dominantes. Sin embargo, compartían el mundo con una gran variedad de especies diferentes de aves, insectos, reptiles y mamíferos. En China, se hallaron restos de algunas de las siguientes criaturas alrededor de distintos lagos:

Manchurochelys: una tortuga antigua.
Confuciusornis: una de las primeras aves.
Hyphalosaurus: un lagarto de agua.
Peipiaosteus: un pez.
Liaoconodon: uno de los primeros mamíferos.

LOS
GIGANTES

¿CUÁLES ERAN LOS DINOSAURIOS MÁS GRANDES?

Los más grandes eran los saurópodos herbívoros. Estos tenían cuerpos robustos, cabezas pequeñas, patas altas y colas y cuellos increíblemente largos. El diseño de estos dinosaurios era muy parecido al de una grúa de construcción. Sus cuerpos robustos evitaban que se desplomaran.

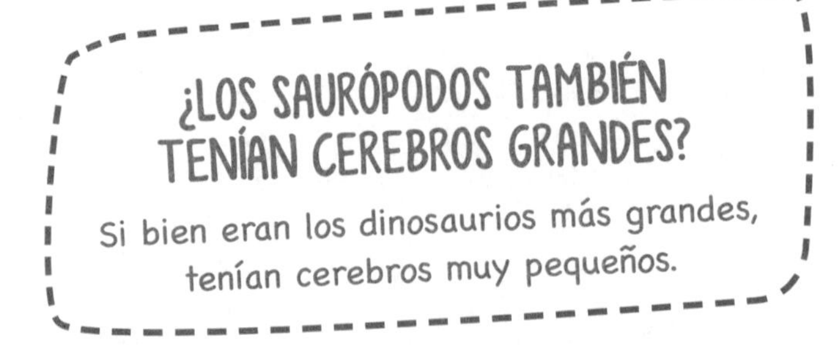

¿LOS SAURÓPODOS TAMBIÉN TENÍAN CEREBROS GRANDES?

Si bien eran los dinosaurios más grandes, tenían cerebros muy pequeños.

¿Y CUÁNDO VIVIERON?

Los saurópodos aparecieron hace 200 millones de años, durante el período Jurásico temprano. Sin embargo, los más famosos, como el Diplodocus, no surgieron sino hasta hace 150 millones de años. Durante el período Cretácico, los saurópodos comenzaron a disminuir y, para el momento de su extinción, solo los más pequeños quedaban en pie, como el Nemegtosaurus y el Rapetosaurus. Claro, solo eran pequeños para el promedio de los saurópodos: el Rapetosaurus podía crecer hasta 15 metros de largo.

¿EL BRACHIOSAURUS FUE EL DINOSAURIO MÁS GRANDE?

Cuando se descubrieron sus huesos en 1903, los científicos creyeron que habían encontrado a la criatura más grande que haya caminado sobre el planeta. Este era más largo que tres autobuses y más pesado que nueve elefantes. Pero, a pesar de su enorme tamaño, era pequeño en comparación con otro dinosaurio más grande descubierto en 1993: el Argentinosaurus.

¿CUÁL FUE EL SAURÓPODO MÁS GRANDE DE TODOS?

Hasta el momento fue el Argentinosaurus: con más de 37 metros de largo y un peso equivalente a unos 12 elefantes. Vivió en América del Sur durante el período Cretácico tardío.

¿QUÉ TAN GRANDES ERAN LAS PATAS DEL BRACHIOSAURUS?

El Brachiosaurus era inusual incluso para los saurópodos, pues sus patas delanteras eran más largas que las traseras. Las delanteras podían medir lo mismo que un humano y lo ayudaban a mantener la cabeza levantada hacia arriba, de modo que pudiera alcanzar las copas de los árboles.

¿POR QUÉ TENÍA UNA PROTUBERANCIA EN LA CABEZA?

El cráneo del Brachiosaurus tenía un domo distintivo en la parte alta, en donde tenía los ojos y fosas nasales. Se cree que el domo podría haber albergado una cámara de sonido especial con la cual se comunicaba con su manada.

¿LO SABÍAS?

El Brachiosaurus vivió en América del Norte y África en el período Jurásico tardío (hace 155 y 140 millones de años).

¿EL DIPLODOCUS PODÍA PARARSE SOBRE SUS PATAS TRASERAS?

El Diplodocus fue uno de los dinosaurios más grandes. Se cree que usaba su extensa cola para equilibrar su cuello largo. Además, podía hacerse más alto al pararse sobre sus patas traseras y así alcanzar las ramas más altas. Al hacerlo, descansaba su cola en el suelo para evitar caerse.

¿LO SABÍAS?

A pesar de su cuello largo, el Diplodocus tenía una cabeza muy pequeña y un cerebro diminuto.

¿CÓMO COMÍA EL DIPLODOCUS?

Este dinosaurio tenía dientes distintivos con forma de lápices que parecían un rastrillo al frente de su boca. No tenían dientes posteriores para masticar, por lo que se pasaba el tiempo arrancando hojas de los árboles y tragándolas. Si bien podía llegar a la copa de los árboles, se cree que mantenía su cabeza horizontal la mayor parte del tiempo, la cual movía hacia atrás y adelante como una aspiradora sobre los árboles.

¿LO SABÍAS?

El Diplodocus tenía 29 metros de largo, 4 metros de alto y pesaba unos 14.500 kg.

¿POR QUÉ LOS SAURÓPODOS HERBÍVOROS TENÍAN CUELLOS LARGOS?

Para alcanzar las hojas altas a las que otros herbívoros no podían llegar. Debido a su gran tamaño, debían comer inmensas cantidades de hojas todos los días para sobrevivir. Al llegar a las copas de los árboles, no competían con otros herbívoros más pequeños por la comida.

¿CÓMO HACÍAN PARA CRECER TANTO?

Los saurópodos crecieron tanto porque eran máquinas de comer. Lograron esto al desarrollar sus cuerpos para consumir grandes cantidades de calorías tan rápido como fuera posible. Y esto también se dio gracias al florecimiento de nuevas plantas y bosques durante el período Jurásico.

¿LO SABÍAS?

El Mamenchisaurus podía crecer hasta 22 metros de largo, 6 m de alto y pesar 22.700 kg.

¿CUÁNTO COMÍAN LOS SAURÓPODOS?

Un saurópodo grande como el Diplodocus tenía que comer unos 520 kg de vegetales al día solo para sobrevivir. El más grande, el Argentinosaurus, probablemente debía comer más, pues a medida que crecía de un bebé de 5 kilos, ganaba hasta 40 kg diarios. Le tomaba cerca de 40 años alcanzar su peso máximo de 75.000 kg.

¿CÓMO DIGERÍAN LA COMIDA LOS SAURÓPODOS?

Al comer tanta cantidad, no tenían tiempo de masticar la comida. En cambio, la tragaban entera y dejaban que su estómago hiciera el resto. También tragaban unas rocas llamadas gastrolitos, que les servían para digerir la comida. Cuando un gastrolito quedaba muy suave, el saurópodo lo expulsaba y tragaba uno nuevo. Se hallaron numerosas pilas de gastrolitos gastados entre los fósiles de dinosaurios en la formación Morrison, una serie de capas rocosas en América del Norte.

¿LOS HERBÍVOROS GIGANTES TENÍAN ENEMIGOS?

Por cada herbívoro que caminó la Tierra, hubo un carnívoro para enfrentarlo. En las planicies de América del Sur, el Argentinosaurus evolucionó hasta convertirse en el dinosaurio más grande del mundo. Sin embargo, al mismo tiempo, un gran carnívoro creció a su lado: el Giganotosaurus. Es poco probable que este depredador intentara cazar a un Argentinosaurus solo, seguramente lo hacía en manada.

¿QUÉ TAN GRANDE ERA EL GIGANOTOSAURUS?

Fue el dinosaurio carnívoro más grande de América del Sur en el período Cretácico y el terror de todo herbívoro que se cruzara en su camino. Pesaba más que dos elefantes, era largo como dos autobuses y tenía una mandíbula larga con dientes serrados, ideal para desgarrar carne y huesos.

¿ERA PARIENTE DEL T-REX?

El Giganotosaurus deambuló por la Tierra unos 30 millones de años antes de que el T-Rex existiera y no eran parientes directos. Más bien, estaba emparentado con otro asesino inmenso llamado Carcharodontosaurus. Sin embargo, este último vivía en África y no había posibilidades de que se enfrentara al Giganotosaurus por tener el control.

¿LO SABÍAS?

El Giganotosaurus podía crecer hasta 14 metros de largo, 2,75 metros de alto y pesar 8.000 kg.

¿QUÉ DINOSAURIO TUVO LA ARMADURA MÁS GRANDE?

El Ankylosaurus fue el tanque del mundo de los dinosaurios y el miembro más grande de la familia de los anquilosáuridos. Tenía armas mortales, estaba cubierto por una coraza impenetrable y pesaba tanto como un autobús pequeño. Necesitaba de este nivel de protección, ya que vivió durante la época de los temibles tiranosaurios.

¿ERA RÁPIDO?

Si bien estaba bien diseñado para defenderse, el Ankylosaurus tenía un cerebro muy pequeño y no estaba adaptado para ser rápido: caminaba lento y no era probable que levantara velocidad. Sin embargo, la parte del cerebro que controlaba el olfato estaba muy desarrollada y podría haber sido muy hábil para detectar con facilidad a sus depredadores.

¿LO SABÍAS?

El Ankylosaurus podía crecer hasta 7 metros de largo, 2,75 metros de alto y pesar 7.000 kg.

¿DE QUÉ ESTABA HECHO EL MAZO EN LA COLA DEL ANKYLOSAURUS?
El mazo sólido y redondo que tenía en la cola fue una de las armas más efectivas del período Cretácico. Pesaba tanto como el cráneo del dinosaurio y estaba compuesto por una mezcla de huesos, tendones y placas óseas que se fusionaban para formar una masa compacta.
La placa ósea que conformaba el mazo se llama osteodermos. Un golpe de su cola habría sido suficiente para herir o matar a un depredador carnívoro.
¿LO SABÍAS?
Algunos Ankylosaurus eran muy robustos y podían llegar a tener más de 2 metros de ancho.

¿QUÉ TAN LARGOS ERAN LOS CUERNOS DEL TRICERATOPS?

El Triceratops o "cara con tres cuernos" obtuvo su nombre por el cuerno corto que llevaba sobre la nariz y los otros dos más largos sobre sus ojos. El cuerno de la nariz solo tenía 30 cm de largo, pero los otros dos podían llegar a medir un metro cada uno. Esto le brindaba protección contra depredadores como el T-Rex.

¿LO SABÍAS?

El Triceratops podía llegar a medir 9 metros de largo, 3 metros de alto y pesar 5.500 kg.

¿POR QUÉ ALGUNOS DINOSAURIOS TENÍAN GOLA?

Hay varias razones por la que algunos dinosaurios tenían golas magníficas sobre sus cuellos. Estas les servían para comunicarse con otros dinosaurios, atraer a sus parejas, espantar depredadores y, posiblemente, absorber el calor del sol. La gola ósea del Triceratops también protegía su cuello de las mordidas de otros dinosaurios.

¿LO SABÍAS?

El Triceratops vivió en América del Norte hace cerca de 67-65 millones de años, durante el período Cretácico tardío.

¿VIVÍA EN MANADA?

Los expertos creen que el Triceratops vivía solo o en grupos familiares pequeños. Sin embargo, muchos dinosaurios herbívoros circulaban en manadas para protegerse de los carnívoros más grandes. De este modo, podían advertirse del peligro y unirse para luchar contra los depredadores.

¿EL T-REX FUE EL TIRANOSAURIO MÁS GRANDE?

El dinosaurio más famoso, más temido y más feroz de todos los tiempos fue un verdadero peso pesado del período Cretácico. Su terrible reputación estaba bien justificada: era el tiranosaurio depredador más grande y poderoso de todos, y uno de los asesinos más espectaculares que haya pisado el planeta.

¿CÓMO ERAN SUS DIENTES?

Sus dientes figuran entre los más largos de todas las criaturas terrestres y podían triturar con facilidad cualquier hueso.

¿EL T-REX TENÍA PLUMAS?

En tiempos recientes, se ha sugerido que tenía una capa de plumas sobre la cabeza, pero nadie lo sabe con certeza.

¿TENÍA UN CEREBRO GRANDE?

El T-Rex poseía uno de los cerebros más grandes y mejor desarrollados de los dinosaurios depredadores, y un olfato bastante agudo. También contaba con ojos que apuntaban al centro, lo cual le daban una visión binocular y una gran capacidad para ver profundidad. Estos sentidos se combinaban para darle una ventaja formidable sobre sus presas.

¿POR QUÉ ERA TAN TEMIBLE?

El T-Rex podía crecer hasta 12 metros de largo, 4,3 metros de alto y pesar 7.000 kg. Era su tamaño y su fuerza lo que lo hacen ver tan aterrador para nosotros. Solo su cráneo era tan largo como un adulto promedio, y tenía dientes serrados y filosos del tamaño de un plátano. Su mandíbula poderosa hacía que su mordida fuera tres veces más fuerte que la de un león. Además, era más largo que un autobús, más alto que dos hombres y más pesado que un elefante.

¿POR QUÉ EL T-REX TENÍA BRAZOS TAN PEQUEÑOS?

A menudo, nos preguntamos por qué un depredador tan poderoso como este tenía brazos pequeños y delgados. Pero hay una respuesta simple: no necesitaba brazos fuertes. En cambio, contaba con una enorme mandíbula y dientes para abatir a sus presas, y también con inmensas patas con garras para sujetarlas y devorarlas.

¿LO SABÍAS?

Los brazos del T-Rex eran demasiado cortos como para levantarlo si se caía. Pero, al igual que las aves de la actualidad, no los necesitaba. Se habría levantado colocando sus patas debajo de su cuerpo y empujando hacia arriba.

¿PARA QUÉ USABA SUS BRAZOS ENTONCES?

Puede que tuviera brazos pequeños en comparación con el resto de su cuerpo, pero no eran inútiles. Si bien no llegaban a su boca, sus garras afiladas le permitían sujetar a las presas que luchaban antes de dar una mordida.

¿QUÉ SONIDO HACÍA?

El rugido terrible que el T-Rex hace en las películas no es muy acertado. Si tenemos en cuenta el tamaño de su cuello y los huesos de su cráneo, probablemente gruñía o croaba, como un cocodrilo o una rana toro.

¿LOS DINOSAURIOS PODÍAN CORRER?

Así como podían caminar, es muy probable que la mayoría pudiera correr. Para descifrar la velocidad promedio de un dinosaurio, los paleontólogos miden la distancia entre sus huellas fosilizadas y el tamaño del camino. ¡Pero necesitan encontrar una buena cantidad de huellas para hacer esto!

¿QUÉ TAN RÁPIDO PODÍA CORRER EL BRACHIOSAURUS?

Los saurópodos, como el Brachiosaurus, eran tan grandes que tenían que mantener tres patas en el suelo al moverse para soportar todo su peso. Es muy poco probable que superara los 8 km/h.

¿QUÉ TAN RÁPIDO CORRÍAN LOS CARNÍVOROS?

El T-Rex podía correr distancias cortas a una velocidad máxima de 29 km/h. Otros carnívoros más pequeños eran más rápidos: el Velociraptor y el Dilophosaurus podían alcanzar los 39 km/h.

DINOSAURIOS ASESINOS

¿CUÁLES ERAN LOS DINOSAURIOS MÁS TEMIBLES?

Los enormes dinosaurios depredadores fueron el terror de la Era Mesozoica. Estos temibles asesinos acechaban y cazaban presas vivas, comían carroña e, incluso, se comían entre sí. Entre los más famosos y feroces se encontraban el T-Rex, el Allosaurus y el Tarbosaurus.

¿LO SABÍAS?

El Saurornithoides podía crecer hasta 3 metros de largo y pesar hasta 30 kg.

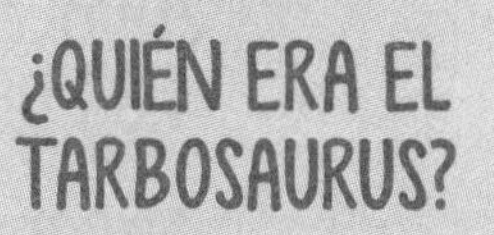

¿QUIÉN ERA EL TARBOSAURUS?

Al ser un pariente cercano del T-Rex, el Tarbosaurus fue un carnívoro aterrador que acechó las planicies de Mongolia durante el período Cretácico tardío. Su cráneo, más grande que el del T-Rex, contenía más de 60 dientes (más largos que tus dedos). Los usaba para desgarrar la piel de otros dinosaurios grandes como el hadrosáurido Saurolophus.

¿TODOS LOS DEPREDADORES ERAN GRANDES?

No todos, algunos tenían el tamaño de un gato. Otros, como el Saurornithoides, eran un poco más altos que un humano, corrían en dos patas y estaban armados con garras y dientes filosos. Si bien estos pequeños y veloces depredadores se alimentaban de mamíferos pequeños, también eran cazadores peligrosos.

¿CUÁLES ERAN LAS ARMAS DE LOS DINOSAURIOS ASESINOS?

Todo carnívoro contaba con un arsenal de armas para cazar y matar a sus presas. Estas incluían dientes, garras y mandíbulas, pero el tamaño, la velocidad y la fuerza también servían. Lo más importante era que necesitaban tener cerebros más grandes que los de sus presas para obtener ventaja.

El Megaraptor podía crecer hasta 8 metros de largo y pesar hasta 1.815 kg.

¿QUIÉN TENÍA LAS GARRAS MÁS LETALES?

El depredador Megaraptor tenía las garras más letales descubiertas en un dinosaurio. En cada mano poseía una garra con forma de hoz que medía más de 35 centímetros de largo. ¡Más que un tenedor! Sus otros dos dedos de la mano también tenían garras, pero eran más pequeñas.

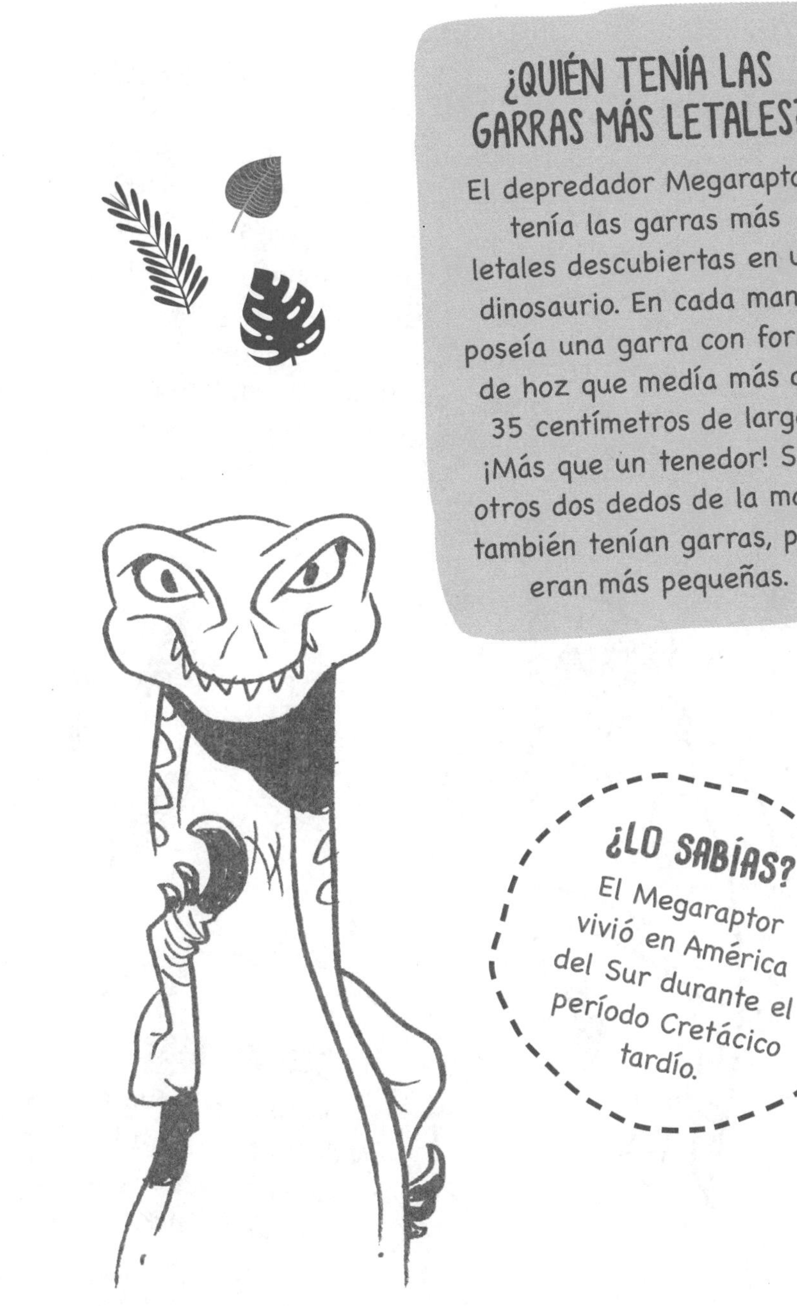

¿LO SABÍAS?
El Megaraptor vivió en América del Sur durante el período Cretácico tardío.

¿EL DEINONYCHUS FUE EL MEJOR DE LOS RAPTORES?

El Deinonychus fue uno de los miembros más inteligentes de los raptores, un grupo de depredadores medianos que atacaban a sus presas con garras mortales. A diferencia de los carnívoros gigantes, el Deinonychus contaba con un cerebro grande, un cuerpo diseñado para la velocidad y armas de precisiones para matar con rapidez y eficacia. Cuando fue descubierto, en 1964, nos enseñó que los dinosaurios podían ser pequeños, inteligentes y veloces.

¿LO SABÍAS?

El Deinonychus fue el modelo usado para los raptores de la película *Jurassic Park*.

¿CÓMO UTILIZABA SUS GARRAS?

El Deinonychus estaba armado con garras en ambas manos y patas, pero cada pata contaba con una "garra mortal" extra larga. Las palmas de sus manos apuntaban hacia adentro, lo cual le servía para sujetar a sus presas con facilidad. Una vez que la inmovilizaba, daba el golpe final con una de esas garras mortales.

¿A QUIÉN CAZABA?

Su presa más común era un herbívoro llamado Tenontosaurus. Sabemos esto porque se encontraron restos fósiles de numerosos esqueletos de Deinonychus alrededor de un Tenontosaurus en América del Norte. Estos fósiles también demostraron que cazaba en manada.

¿TODOS LOS "RAPTOR" ERAN RAPTORES?

Algunos dinosaurios con la palabra "raptor" en su nombre pertenecen a la familia de los dromeosáuridos o dinosaurios con plumas. Pero sus nombres pueden prestar a confusión. Muchos dromeosáuridos no tienen la palabra "raptor" en sus nombres, como el Deinonychus, el Hesperonychus y el Saurornitholestes. Y otros, como el Oviraptor o el Eoraptor, no son para nada dromeosáuridos (raptores). Los verdaderos dromeosáuridos incluyen al Microraptor, Bambiraptor, Dakotaraptor, Utahraptor y al famoso Velociraptor.

¿QUÉ TAN GRANDE ERA EL UTAHRAPTOR?

El Utahraptor fue un dromeosáurido cercano al Deinonychus. Si bien ambos lucían similares, el primero habría hecho que el Deinonychus se viera diminuto a su lado. El Utahraptor fue el raptor más grande de todos los tiempos, y todo en él venía en gran escala: su cerebro, cuerpo, garras y dientes. Tenía casi el tamaño de un oso polar moderno y una excelente visión y sentido del olfato.

¿Y CAZABA JUNTO AL DEINONYCHUS?

El Utahraptor cazaba en manada y aterrorizaba las mismas planicies de América del Norte que el Deinonychus. Sin embargo, estos dos primos no estaban destinados a encontrarse: el Utahraptor ya llevaba muerto millones de años para cuando el Deinonychus apareció.

¿EL ALLOSAURUS EMBOSCABA A SUS PRESAS?

Recientemente, se han descubierto cientos de fósiles de Allosaurus, por lo que sabemos más sobre este asesino gigante del Jurásico tardío. Fue el depredador más grande de su tiempo y, de seguro, era capaz de cazar presas grandes. Sin embargo, para lograr su objetivo, el Allosaurus esperaba al acecho y luego sorprendía a las criaturas que pasaban cerca.

¿LO SABÍAS?

El Allosaurus podía crecer hasta 12 metros de largo y pesar hasta 2.000 kg.

¿CÓMO SE ALIMENTABA EL ALLOSAURUS?

Este dinosaurio tenía el cráneo más grande en proporción a su cuerpo que otros carnívoros gigantes. Lo sorprendente es que su mordida era bastante débil. Los leones, cocodrilos y leopardos de la actualidad tienen mandíbulas más poderosas que las del Allosaurus. Por eso, cuando abría la boca, usaba la cabeza como un hacha y clavaba los dientes en la carne de sus presas. Esto les provocaba grandes pérdidas de sangre y una muerte relativamente rápida.

¿CAZABA PRESAS GRANDES?

Se han hallado marcas de mordida de un Allosaurus en los restos fósiles de un Stegosaurus y algunos saurópodos, lo cual indica que sí atacaba a presas grandes. También puede haber cazado en manada, tal como lo hacían dos primos suyos: el Sinraptor y el Yangchuanosaurus.

¿LO SABÍAS?

El Yangchuanosaurus podía crecer hasta 10 metros de alto y pesar hasta 3.350 kg.

¿EL VELOCIRAPTOR CAZABA EN MANADA?

El Velociraptor o "ladrón veloz" fue un raptor rápido y feroz que se hizo famoso por sus apariciones en películas de dinosaurios. Sin embargo, a diferencia de sus representaciones verdes y de gran tamaño, el Velociraptor no era más grande que un perro y estaba cubierto de plumas. Pero hay algo que es cierto en las películas: cazaba en manada.

¿LO SABÍAS?

El Velociraptor podía crecer hasta 2 metros de largo y pesar 15 kg.

¿POR QUÉ TENÍA PLUMAS?

A menudo, los dinosaurios tenían plumas para atraer o alarmar a otros dinosaurios, pero se cree que el Velociraptor las usaba como aislante térmico. Sus plumas lo mantenían cálido mientras llevaba a cabo su estilo de vida activo y cazador.

¿LO SABÍAS?

Todos los restos de los Velociraptor fueron hallados en Asia: en Mongolia y China.

¿SU BOCA ERA GRANDE?

Como todos los dromeosáuridos, el Velociraptor contaba con garras en las manos y patas, pero con una más larga y mortal en uno de los dedos de sus patas. Sin embargo, a diferencia de algunos de sus primos, en su boca tenía 80 dientes afilados y curvos. Esto le daba una ventaja formidable sobre sus presas, especialmente cuando cazaba en manada.

¿LOS DASPLETOSAURUS PELEABAN ENTRE SÍ?

Cuando se hallaron los restos de un Daspletosaurus, era claro que el dinosaurio había sido un ancestro del T-Rex. Se parecían en casi todo, salvo porque el Daspletosaurus era un poco más pequeño, pesado y tenía dientes más largos. En sus huesos había marcas de mordeduras hechas por otro Daspletosaurus. Este monstruo había estado peleando contra uno de su misma especie.

¿LO SABÍAS?

El Daspletosaurus podía crecer hasta 9 metros de largo y pesar hasta 3.700 kg.

¿CÓMO CAZABA EL DASPLETOSAURUS?

Al igual que los leones, cazaba en manada y colaboraba con otros de su grupo para derribar a sus presas. Pero también era oportunista y era muy raro que estos grupos fueran organizados y, de tener la oportunidad, cada uno se habría quedado con el herbívoro que atacaron para sí mismo.

¿POR QUÉ PELEABAN ENTRE SÍ?

Luego de matar a una presa, se separaban y el más fuerte se quedaba con todo. Esto explica las marcas de dientes que se hallaron en los huesos de otros Daspletosaurus; los asesinos habían estado luchando por un trozo de carne.

¿LOS CARNÍVOROS TAMBIÉN COMÍAN PLANTAS?

El Ornithomimus era un terópodo diferente al resto de los depredadores. La mayoría de los terópodos eran cazadores que se alimentaban de mamíferos y de otros dinosaurios pequeños o de gigantes que cazaban herbívoros grandes. Pero el Ornithomimus no era ninguno de esos dos: era carnívoro, pero también comía plantas.

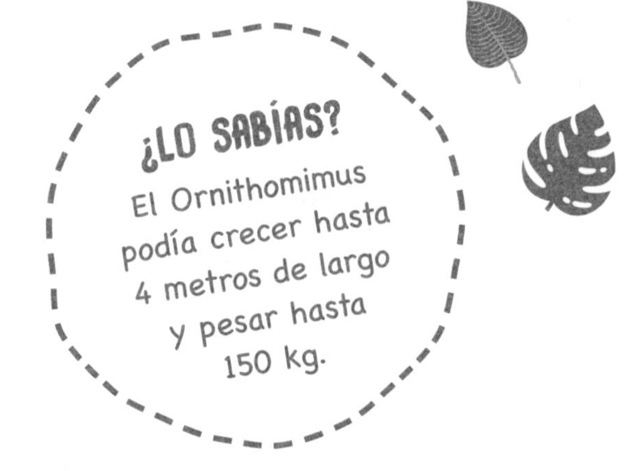

¿CÓMO SABEMOS QUE EL ORNITHOMIMUS COMÍA PLANTAS?

Lo sabemos porque tenía un pico largo en lugar de boca. Este pico con forma de tijera le habría permitido cazar insectos y reptiles pequeños, pero también arrancar y cortar hojas y otros vegetales.

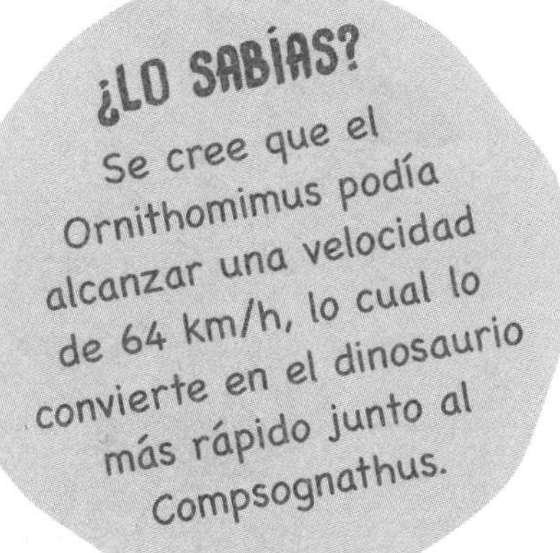

¿ERA UN AVE?

Ornithomimus significa "imitador de aves" y sus plumas y tamaño lo habrían hecho verse como un avestruz moderno. Pero no era un ave: era un terópodo que pertenecía a la familia de los ornitomímidos. Todos ellos tenían plumas, brazos delgados y garras, patas largas y podían alcanzar grandes velocidades al correr.

¿LOS DINOSAURIOS COMÍAN PECES?

En 1938, un cazador de fósiles novato hizo un descubrimiento asombroso en Surrey, Inglaterra. Desenterró un fósil enorme de una garra de 25 centímetros. Pero había más: debajo de la garra yacía el esqueleto de un dinosaurio desconocido que comía tanto carne como peces. Fue llamado Baryonyx.

¿LO SABÍAS?

El Baryonyx pertenecía a la familia de los espinosáuridos, que a menudo tenían garras largas en los pulgares y una estructura con forma de vela en sus espaldas.

¿CÓMO SABEMOS QUE EL BARYONYX COMÍA CARNE Y PECES?

Los fósiles revelaron restos de escamas de peces y de un Iguanodon en el estómago del Baryonyx. Al ser el carnívoro más grande descubierto en Europa, parecía que podía elegir su comida y llevar una dieta de presas terrestres y acuáticas.

¿LO SABÍAS?

El Baryonyx podía crecer hasta 10 metros de largo, 2,5 metros de alto y pesar hasta 5.400 kg.

¿CÓMO PESCABA?

Probablemente, acechaba a la orilla del agua o se paraba en ríos poco profundos. Sus garras largas y curvas habrían sido perfectas para atrapar peces resbaladizos. También podía sumergir su hocico en el agua y atrapar a los peces que pasaban cerca con su boca, la cual era similar a la de un cocodrilo.

¿HABÍA ASESINOS PEQUEÑOS?

Hace cerca de 75 millones de años, los carnívoros gigantes como el Daspletosaurus y el Gorgosaurus acechaban en las planicies, mientras que otros depredadores pequeños y más veloces, como el Troodon y el Struthiomimus, cazaban en los bosques. Sin embargo, a la par había un cazador incluso más pequeño: el Hesperonychus, que tenía el tamaño de un gato doméstico.

¿LO SABÍAS?

El Hesperonychus caminaba en dos patas, tenía garras afiladas en las manos y una garra con forma de hoz en las patas.

¿QUIÉN FUE EL HESPERONYCHUS?

Vivió en el Cretácico tardío, y se cree que fue el dinosaurio depredador más pequeño de América del Norte. Podía pesar hasta 2 kilos, medir 50 cm de alto y sus dientes parecían cuchillas. Lucía como una versión en miniatura de su primo, el Velociraptor. Pero a diferencia de este, el Hesperonychus vivía en los árboles.

¿ERA CAPAZ DE VOLAR?

Aunque el Hesperonychus estaba cubierto de plumas, no volaba sino más bien planeaba entre las ramas de los árboles en busca de comida. Era lo suficientemente pequeño como para que otros dinosaurios más grandes no notaran su presencia, pero habría sido un buen bocado para otros, por lo que se mantenía alejado del suelo del bosque. Su dieta incluía lagartijas, insectos y huevos.

¿TODOS LOS DINOSAURIOS LUCHABAN PARA SOBREVIVIR?
El Mesozoico fue un período de depredadores y presas, y todos debían estar listos para luchar por sus vidas. El tamaño se convirtió en un gran factor en esta batalla por la supervivencia. Mientras la era de los dinosaurios progresaba, los saurópodos crecieron hasta alcanzar proporciones inmensas.
En respuesta, los terópodos también crecieron, hasta que ambas clases de dinosaurios quedaron atrapadas en una guerra evolutiva por el tamaño. En cualquier parte del planeta en donde hubiera un herbívoro grande, existía un carnívoro inmenso a su lado.

ATAQUE Y DEFENSA

¿CÓMO SE PROTEGÍAN LOS HERBÍVOROS?

El tamaño era su mejor defensa contra el ataque de algún carnívoro. Un saurópodo inmenso como el Argentinosaurus era demasiado grande como para sentirse amenazado por un único depredador. Otros herbívoros más pequeños desarrollaron sus propios métodos de protección, que incluían espinas, cuernos y armaduras gruesas sobre su piel.

¿CÓMO UTILIZABA SUS PÚAS EL GASTONIA?

El Gastonia fue un anquilosáurido muy protegido. Podía crecer hasta 4,6 metros de largo y pesar 3.360 kg. Las púas que llevaba en la espalda evitaban que varios enemigos como el Utahraptor saltaran sobre él y mordieran su cuello. También podía contraatacar con su cola cubierta de más púas mortales.

¿CÓMO USABA EL CHASMOSAURUS SU GOLA?

El Chasmosaurus fue un dinosaurio ceratópsido de los más comunes que deambularon por las planicies de América del Norte. Tenía una gola ósea enorme sobre su cabeza, pero estaba compuesta por huesos delgados y piel, lo cual le ofrecía poca protección. Sin embargo, al enviar más sangre hacia la piel que la cubría, podía ahuyentar a posibles atacantes.

¿EL STEGOSAURUS USABA SU COLA PARA PELEAR?

Uno puede reconocer con facilidad al Stegosaurus por la fila de placas que llevaba en su espalda y las púas en la punta de su cola. A esta cola se la conoce como "thagomizer" y era un arma esencial para combatir al depredador más feroz de ese período y su archienemigo: el Allosaurus.

¿LO SABÍAS?

El Stegosaurus podía crecer hasta 9 metros de largo, 2,5 metros de alto y pesar 3.175 kg.

¿LAS PLACAS DEL STEGOSAURUS LO PROTEGÍAN?

Sus placas dorsales estaban hechas de hueso y piel, y las usaba para defenderse y comunicarse. Al llenar de sangre la piel que las recubría, enviaba señales de advertencia para que un Allosaurus se alejara. El hueso de estas placas también le habría ofrecido más protección, al igual que la hilera de placas óseas duras sobre su cuello.

Aunque esto no siempre funcionaba, ya que se han encontrado marcas de mordeduras de Allosaurus en el cuello de un Stegosaurus. Sin embargo este dio una buena batalla: se halló un hueco en una vértebra de Allosaurus que encaja a la perfección con una púa de la cola del Stegosaurus. Ambos oponentes estaban a la par.

¿LO SABÍAS?

El Stegosaurus vivió durante el período Jurásico tardío y se han descubierto fósiles en varios continentes.

¿LOS DINOSAURIOS PELEABAN CON SUS CABEZAS?

Para muchos herbívoros, su arma principal estaba ubicada en la cabeza. Estas incluían púas y cuernos en sus narices, rostros y golas, como las del ceratópsido Styracosaurus. Otro herbívoro llamado Pachycephalosaurus puede haber usado su cabeza dura y huesuda para espantar depredadores.

¿CUÁNTOS CUERNOS TENÍA EL STYRACOSAURUS?

Tenía hasta 9 cuernos en la cabeza, ¡más que cualquier otro ceratópsido! Los más pequeños sobre sus mejillas subían para encontrarse con los más grandes que llevaba en su gola ósea detrás de la cabeza. Pero el cuerno de su hocico era el más largo de todos: con sus 30 centímetros habría sido el arma mortal contra depredadores como el Daspletosaurus.

¿LO SABÍAS?

El Styracosaurus podía crecer hasta 5,5 metros de largo, 1,65 metros de alto y pesar hasta 2.700 kg.

¿ERA UN GRAN CABECEADOR?

El Pachycephalosaurus es uno de los dinosaurios más extraños descubiertos, ya que cuenta con un domo grueso en su cabeza hecho de 25 cm de hueso sólido. Esto da lugar a la teoría de que lo usaba para cabecear a sus enemigos y rivales de su misma especie. Un descubrimiento en 2012 confirma esta teoría. Se halló un cráneo que evidencia el daño sufrido por darles cabezazos a otros.

¿LO SABÍAS?

El Pachycephalosaurus podía crecer hasta 8 metros de largo, 1,8 metros de alto y pesar 3.000 kg.

¿ALGUNA VEZ SE ENCONTRÓ UNA PELEA DE DINOSAURIOS PRESERVADA?

En 1971, se halló el esqueleto de un Velociraptor sobre el de un Protoceratops en una lucha de vida o muerte. Cuando el Protoceratops le estaba mordiendo un brazo al Velociraptor y este le desgarraba el cuello al primero, apareció una tormenta de arena y los enterró vivos a ambos. Su pelea quedó congelada en el tiempo para la eternidad.

¿LO SABÍAS?

El Protoceratops podía crecer hasta 1,8 metros de largo, 67 cm de alto y pesar hasta 400 kg.

¿ALGUNA OTRA PELEA QUEDÓ CONGELADA EN EL TIEMPO?

Otra pelea fosilizada entre un Velociraptor y Protoceratops fue descubierta en el 2008. Esta vez, el primero se estaba alimentando del esqueleto del segundo. Los expertos creen que el Velociraptor estaba comiendo el cadáver de un Protoceratops ya muerto, en lugar de estar atacándolo, por las marcas de mordida profundas que había en los huesos del Protoceratops. Incluso el Velociraptor se rompió algunos dientes; lo que indica que intentaba comer los últimos restos de carne que quedaron sobre los huesos de un animal muerto.

¿LO SABÍAS?

Con el tamaño de una oveja, el Protoceratops fue un dinosaurio muy común en Asia y presa del Velociraptor.

¿LOS DINOSAURIOS CARNÍVOROS PELEABAN REGULARMENTE?

Como regla, las distintas especies de dinosaurios grandes y depredadores intentaban evitar contacto. Cada uno dominaba su propio territorio y, a menos que escaseara la comida, no valía la pena entrar en una guerra territorial. Sin embargo, ocasionalmente, esas batallas sí ocurrían. Sabemos de una entre un Spinosaurus y un Carcharodontosaurus, dos de los depredadores más grandes que hayan pisado la Tierra.

¿LO SABÍAS?

El Carcharodontosaurus podía crecer hasta 15 metros de largo, 2,75 metros de alto y pesar 7.500 kg.

¿QUIÉN FUE EL CARCHARODONTOSAURUS?

Fue el cazador terrestre más grande de África del Norte durante el período Cretácico tardío. Su cabeza era más grande que la del T-Rex y tenía la boca llena de dientes largos y afilados como los de un tiburón. Necesitaba comer 60 kg de carne todos los días para sobrevivir, y cada uno defendía un territorio de unos 500 km^2.

¿LO SABÍAS?

El Carcharodontosaurus o "lagarto con dientes de tiburón" fue llamado así en honor al gran tiburón blanco (Carcharodon) debido a la semejanza entre sus dientes serrados.

¿EL ARGENTINOSAURUS TENÍA DEPREDADORES?

Por haber sido el animal terrestre más grande de todos los tiempos es poco probable que hubiera tenido grandes enemigos. Sin embargo, en 2006, los expertos hicieron un descubrimiento que los hizo pensarlo dos veces. Hallaron a un nuevo asesino de 13 metros de largo que era capaz de cazar al gigante: el Mapusaurus.

¿QUIÉN ERA EL MAPUSAURUS?

Era un depredador que podía derribar a grandes presas como el Argentinosaurus. Sin embargo, era muy pequeño como para hacerlo solo. Un grupo de ellos fue descubierto en América del Sur en 2006. El esqueleto de varios Mapusaurus de diferentes edades demostró la teoría de que cazaba en manada.

¿CÓMO CAZABA EL MAPUSAURUS?

Los expertos creen que incluso una manada de ellos no habría sido suficiente para derribar a un Argentinosaurus adulto. En cambio, se cree que le hacían mordidas no letales al cuerpo del saurópodo, pero lo dejaban en pie. Sus dientes eran filosos como cuchillas y estaban perfectamente diseñados para cortar trozos de carne. Al usar el cuerpo del gigante como una mesa de la cual tomaban un bocadillo, podían regresar más tarde y seguir comiendo.

¿LO SABÍAS?

El Mapusaurus podía pesar hasta 2.995 kg.

¿LO SABÍAS?

El Mapusaurus era un familiar cercano del Giganotosaurus, que también deambulaba por las planicies de América del Sur.

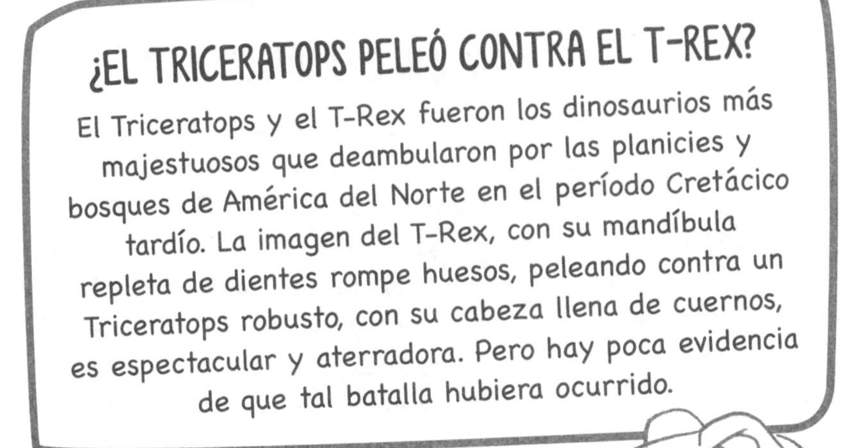

¿EL TRICERATOPS PELEÓ CONTRA EL T-REX?

El Triceratops y el T-Rex fueron los dinosaurios más majestuosos que deambularon por las planicies y bosques de América del Norte en el período Cretácico tardío. La imagen del T-Rex, con su mandíbula repleta de dientes rompe huesos, peleando contra un Triceratops robusto, con su cabeza llena de cuernos, es espectacular y aterradora. Pero hay poca evidencia de que tal batalla hubiera ocurrido.

¿LO SABÍAS?

Los cuernos del Triceratops estaban hechos de hueso, a diferencia de los de los rinocerontes modernos, que están hechos de queratina, el mismo material que el pelo.

¿EL T-REX COMÍA TRICERATOPS?

Se han hallado fósiles que muestran marcas de mordedura de T-Rex en los huesos de un Triceratops, pero se cree que estas ocurrieron después de muerto. En otras palabras, el T-Rex probablemente hurgó entre los restos del Triceratops cuando este ya estaba muerto. Lo más asqueroso es que las heridas muestran que el T-Rex le arrancó la cabeza para conseguir la carne rica en nutrientes del cuello.

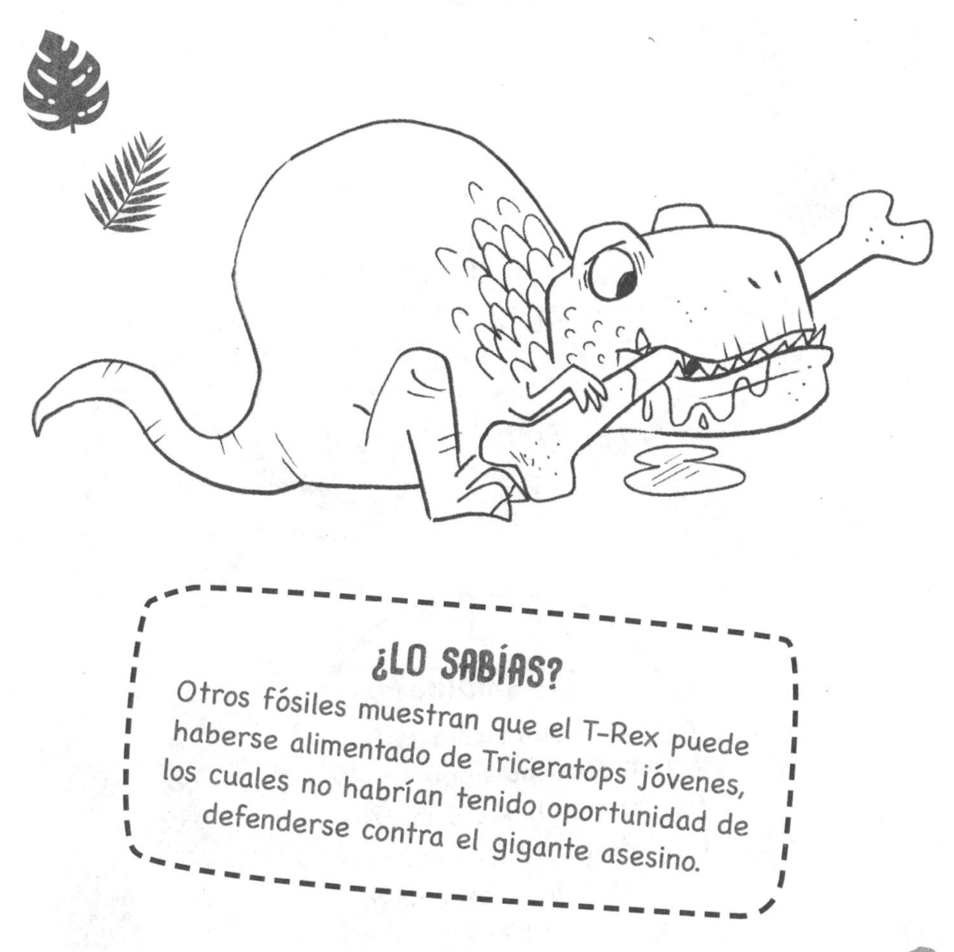

¿LO SABÍAS?

Otros fósiles muestran que el T-Rex puede haberse alimentado de Triceratops jóvenes, los cuales no habrían tenido oportunidad de defenderse contra el gigante asesino.

¿LOS DINOSAURIOS ERAN CANÍBALES?

Durante el período Cretácico tardío, dos tipos de dinosaurios asesinos dominaban la Tierra. El hemisferio norte estaba dominado por los tiranosaurios, mientras que el hemisferio sur por los abelisaurios. Estos últimos eran igual de peligrosos y mortales que sus pares del norte y tenían un hábito perturbador: el canibalismo.

¿LO SABÍAS?

El Majungasaurus fue un abelisaurio que podía crecer hasta 9 metros de largo, 3,75 metros de alto y pesar hasta 2.100 kg.

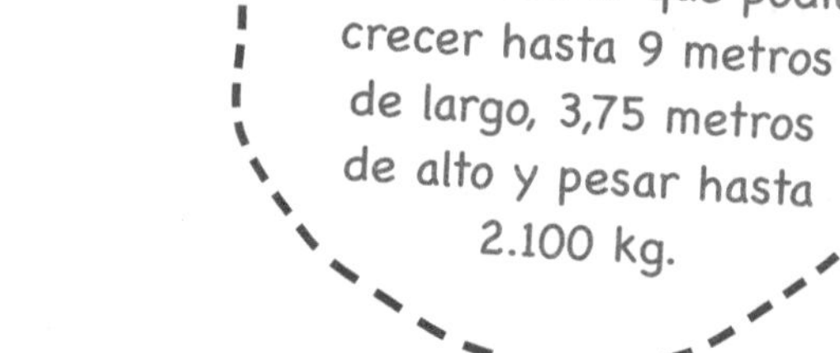

¿QUIÉN FUE EL MAJUNGASAURUS?

Fue un abelisaurio común que dejó muchos fósiles atrás. Los huesos de estos fósiles revelaron una serie de mordeduras profundas hechas por otros Majungasaurus. Estas marcas demostraron que los dinosaurios no solo peleaban entre sí, sino que también comían la carne de los huesos de sus compañeros. Es el primer registro de canibalismo en los dinosaurios.

¿CÓMO MATABA?

Los abelisaurios tenían la cabeza más corta que los tiranosaurios y una forma distinta de matar a sus presas. En lugar de morder a la víctima hasta matarla, el Majungasaurus clavaba sus dientes afilados en el cuello de su presa. Esta técnica de "morder y apretar" es similar a la que usan los leones modernos y es brutalmente efectiva.

¿LO SABÍAS?

Cuando no estaba atacando a los de su propia especie, el Majungasaurus cazaba saurópodos de cuello largo.

¿HABÍA DINOSAURIOS VENENOSOS?

El descubrimiento del Sinornithosaurus marcó un antes y un después en el estudio de los dinosaurios. Las plumas de este "raptor plumoso" eran prácticamente idénticas a las de las aves modernas. Y se lo considera un verdadero ancestro de las aves. Pero aún hay más: también tenía dientes especialmente afilados que podían inyectar veneno a sus presas.

¿LO SABÍAS?

El Sinornithosaurus podía crecer hasta 2 metros de largo y pesar hasta 4,5 kg.

¿LO SABÍAS?

El Sinornithosaurus vivió en los bosques de China durante el período Cretácico temprano.

¿CÓMO ERAN LOS DIENTES DEL SINORNITHOSAURUS?

Sus dientes eran largos como colmillos y tenían un surco en la superficie. Este tipo de dientes usualmente es visto en animales venenosos, como las serpientes. Los expertos creen que una glándula de veneno en su mandíbula lo segregaba hacia sus dientes. Cuando el Sinornithosaurus mordía a su presa, el veneno pasaba por sus dientes y la adormecía y mataba.

¿EL SINORNITHOSAURUS PODÍA VOLAR?

Si bien sus plumas eran similares a las de un ave moderna, no podía volar de la misma manera. En lugar de aletear sus alas para elevarse por el aire, el Sinornithosaurus las habría usado para planear de rama en rama o lanzarse desde una altura hacia el suelo y atacar a sus presas.

RÉCORDS

¿POR QUÉ LOS DINOSAURIOS ROMPÍAN RÉCORDS?

Por su mera existencia, ya rompían récords. Dominaron la Tierra por decenas de millones de años y estaban entre las criaturas más grandes, largas y letales que el mundo haya visto. Pero los dinosaurios no eran solo famosos por su tamaño y fuerza: algunos eran inteligentes, otros no tanto y algunos eran las criaturas más rápidas de todas.

¿LO SABÍAS?

El cuello del Diplodocus marcó un récord ya que podía medir hasta 8 metros de largo.

¿QUÉ DINOSAURIO TENÍA LA COLA MÁS LARGA?

El Diplodocus no fue el saurópodo más grande de todos los tiempos, pero probablemente tenía la cola más larga. Esta podía llegar a medir hasta 13 metros de largo y estaba compuesta por 80 huesos separados (la de la mayoría de los saurópodos tenían 40 huesos).

¿EL DIPLODOCUS USABA SU COLA COMO LÁTIGO?

En la punta de su cola había una vértebra pequeña con forma de tubo que habría funcionado como un peligroso látigo. Muchos saurópodos utilizaban su cola como látigo para defenderse de los depredadores, y es probable que el Diplodocus hiciera lo mismo. También podría haberla usado para mantener el equilibrio cuando se paraba sobre sus patas traseras.

¿LO SABÍAS?

A pesar de tener el cuello largo, el Diplodocus tenía una cabeza pequeña: medía 60 cm de largo.

¿QUÉ DINOSAURIO FUE EL MÁS GRANDE?

Hasta el momento la criatura más grande que caminó sobre la tierra fue el Argentinosaurus. Vivió durante el período Cretácico temprano en América del Sur. Tenía la mitad de la longitud de un avión Boeing 747, pesaba lo mismo que 1.000 hombres adultos y era lo suficientemente alto como para asomarse por la ventana de un edificio de tres pisos.

¿EL ARGENTINOSAURUS TENÍA RIVALES GRANDES?

En 2014, en Argentina, se hallaron restos de otro saurópodo que podría competir contra el Argentinosaurus. Este titanosaurus mediría unos 37 metros de largo y pesaría unos 63.502 kg. Si bien esto significa que era gigante, aún no alcanza al Argentinosaurus.

¿Y PONÍA HUEVOS GRANDES?

Los huevos que ponía el Argentinosaurus eran del tamaño de una pelota de fútbol. Pero lo más impresionante era la cantidad: en Argentina, se descubrió un nido fosilizado con decenas de miles de huevos de este dinosaurio. Se cree que ese sitio fue usado como lugar de anidación de estos saurópodos durante millones de años, en donde cada uno ponía cientos de huevos al año.

¿CUÁL FUE EL DEPREDADOR MÁS GRANDE?

El carnívoro más grande que vivió en la Tierra fue el Spinosaurus. Deambulaba por los pantanos de África del Norte durante el período Cretácico. Era un asesino colosal de proporciones descomunales. Más largo que dos autobuses, más alto que una jirafa y pesaba más que 30 leones. También tenía un cráneo que medía 2 metros. Fue el terópodo más largo de todos.

¿LO SABÍAS?

El Spinosaurus podía crecer hasta 18 metros de largo, 3 metros de alto y pesar hasta 5.500 kg.

¿EL SPINOSAURUS PODÍA NADAR?

No podía nadar, pero era un pescador experto. Sus fosas nasales elevadas y pequeños huecos sensitivos en el extremo de la nariz le permitían hundir el hocico en el agua para detectar a sus presas. Así podía atrapar a los peces con sus garras curvas sin siquiera mirarlos y con su mandíbula llena de dientes cónicos afilados.

¿POR QUÉ TENÍA UNA VELA?

Una hilera de espinas sobre la espalda del Spinosaurus formaba una vela que podía medir casi 2 metros de alto. Estaba cubierta de piel y podría haber servido para absorber el calor del sol y liberarlo en días calurosos. También podría haberla usado como señal para atraer a otros compañeros.

¿CUÁL ERA EL DINOSAURIO MÁS INTELIGENTE?

Se cree que el Troodon, pues tenía el cerebro más grande de todos los dinosaurios en relación al tamaño de su cuerpo. De todos modos, este carnívoro no era Einstein; se cree que tenía un nivel de inteligencia similar al de las aves modernas.

¿LO SABÍAS?

El cerebro del Troodon era del tamaño del de un emú moderno. Estas aves también poseen ojos grandes para su tamaño, que les otorgan muy buena visión.

¿EL TROODON CAZABA DE NOCHE?

Este depredador tenía ojos extremadamente grandes, lo que le permitía ver mejor en condiciones de poca luz. El Troodon de Alaska usaba su visión bien adaptada para la caza nocturna, algo que no era posible para la mayoría de otros depredadores. A menudo, atacaba Edmontosaurus jóvenes. El Troodon de Alaska era tan exitoso con esto que llegó a superar por el doble de tamaño a los Troodon de otras partes.

¿QUÉ TAN GRANDE ERA?

El Troodon tenía el tamaño de un perro grande. También era rápido, ya que contaba con patas largas y delgadas, y garras retráctiles como las de los gastos, que guardaba al correr. Además, solía cazar en manada y hacía un buen uso de su velocidad e inteligencia para superar a sus presas.

¿QUÉ DINOSAURIOS ERAN LOS MÁS RÁPIDOS?

Los terópodos pequeños y medianos eran los corredores más rápidos del mundo. Sin embargo, calcular la velocidad de un dinosaurio puede ser engañoso. Para hacerlo, las huellas dejadas atrás por los dinosaurios deben ser medidas con los huesos fosilizados de sus patas. Esto brinda una velocidad aproximada. El gráfico de aquí abajo muestra una comparación entre los dinosaurios corredores y animales modernos.

¿LO SABÍAS?

La velocidad más rápida de un humano en una pista de 100 metros es de 9,58 segundos, lo cual equivale a un promedio de 37,5 km/h. ¡Un humano podría ganarle a un T-Rex!

¿LO SABÍAS?

El Ornithomimus podría haber recorrido una pista de 100 metros en 6 segundos. Eso es casi el doble de la velocidad del atleta olímpico Usain Bolt.

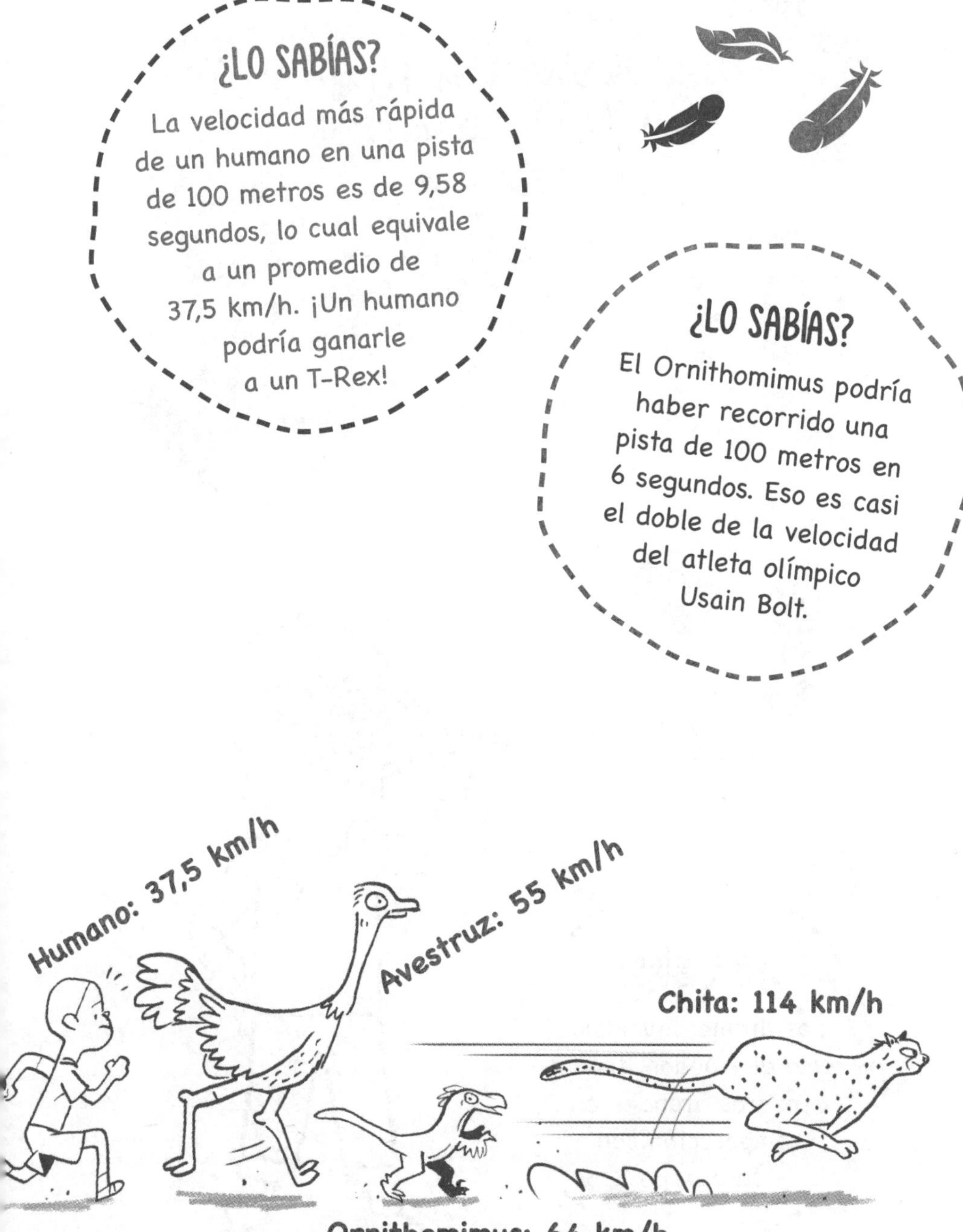

¿QUÉ DINOSAURIO TENÍA EL CEREBRO MÁS PEQUEÑO?

Con sus placas distintivas en su lomo y las espinas en su cola, el Stegosaurus es uno de los herbívoros más famosos. Pero también, uno de los más tontos. Si bien pesaba más que un rinoceronte, tenía el cerebro del tamaño de una nuez. Esto es llamativo porque su cabeza era del mismo tamaño que la de un caballo.

¿LO SABÍAS?

Los dromeosáuridos, como el Troodon, tenían cerebros grandes en comparación con su cuerpo.

¿LOS CARNÍVOROS TENÍAN CEREBROS PEQUEÑOS?

Los dinosaurios depredadores necesitaban ser más inteligentes que los herbívoros que cazaban. Había grandes probabilidades de fallar, por lo que debían ser más astutos que sus presas. Por tal motivo, el cerebro de los carnívoros estaba altamente desarrollado en las regiones del olfato y la vista. Sin embargo, los grandes terópodos aún tenían cerebros llamativamente pequeños. Por ejemplo el cerebro del Giganotosaurus, uno de los depredadores más grandes, tenía el tamaño de un plátano.

¿LO SABÍAS?

Si bien el Stegosaurus tenía uno de los cerebros más pequeños, se cree que los saurópodos más grandes podrían haber sido incluso menos inteligentes.

¿CUÁL ERA EL DINOSAURIO MÁS RARO?

Había muchos dinosaurios extraños, desde el Pachycephalosaurus cabeceador hasta el Iguanodon desprotegido, que solo contaba con una garra en su pulgar para defenderse. Pero quizás el más extraño de todos fue el Therizinosaurus, este terópodo renunció a comer carne para hacerse vegetariano.

¿POR QUÉ RENUNCIÓ A LA CARNE?

Los expertos creen que el Therizinosaurus solía ser carnívoro. Pertenece a la misma familia de terópodos que el T-Rex y estaba armado con garras en forma de hoz, perfectas para desgarrar carne. Sin embargo, parece que había tanta competencia por la carne entre los depredadores de esa época que decidió hacerse herbívoro.

¿TENÍA LAS GARRAS MÁS LARGAS?

Las garras del Therizinosaurus podían medir hasta un metro de largo (casi como un bate de béisbol) y eran las más largas que una criatura haya tenido en la Tierra. Cuando este dinosaurio fue descubierto, desconcertó a los paleontólogos. Al principio, creyeron que se trataba de una tortuga gigante, y que sus garras eran aletas inmensas. Sin embargo, el Therizinosaurus no tenía dientes afilados como otros terópodos, sino dientes con forma de pinzas, ideales para arrancar hojas de las ramas.

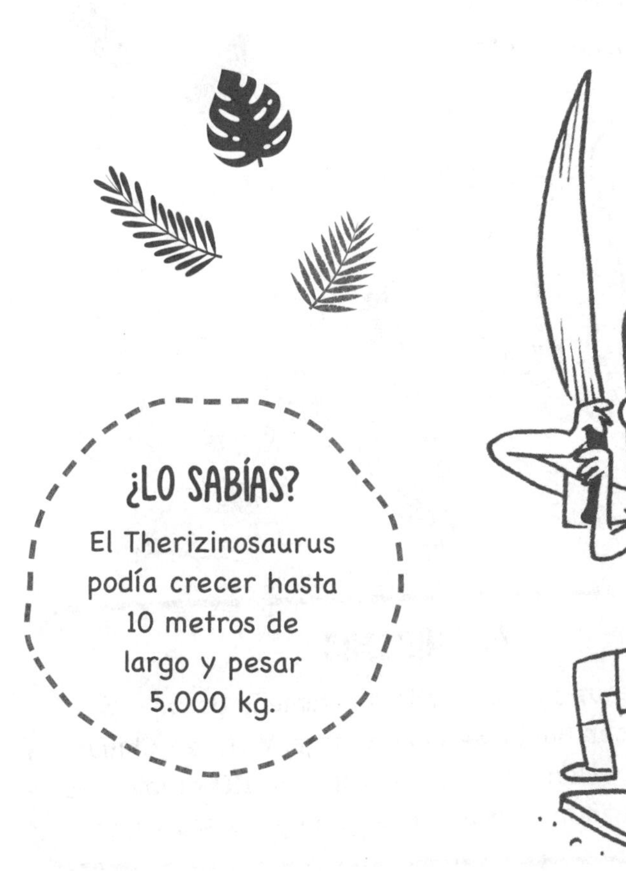

¿LO SABÍAS?

El Therizinosaurus podía crecer hasta 10 metros de largo y pesar 5.000 kg.

¿CUÁLES ERAN LOS DINOSAURIOS MÁS PEQUEÑOS?

Una gran cantidad de dinosaurios pequeños fueron y vinieron durante la era Mesozoica. Cada vez que los científicos creían haber descubierto al más pequeño de todos los tiempos, encontraban otro dinosaurio más pequeño que le quitaba el puesto.

MICRORAPTOR

Este asesino del tamaño de un cuervo podía medir 80 cm de largo y pesar 2 kilos. Vivió en China durante el período Cretácico temprano.

ANCHIORNIS

Este dinosaurio emplumado del tamaño de un gato podía crecer hasta 34 cm de largo. Vivió en China durante el período Jurásico y, con solo 110 gramos, es el dinosaurio más liviano que se haya descubierto.

COMPSOGNATHUS

Este terópodo del tamaño de una gallina medía cerca de 65 cm de largo y pesaba 3,6 kilos. Acechó a sus presas en Europa durante el período Jurásico tardío.

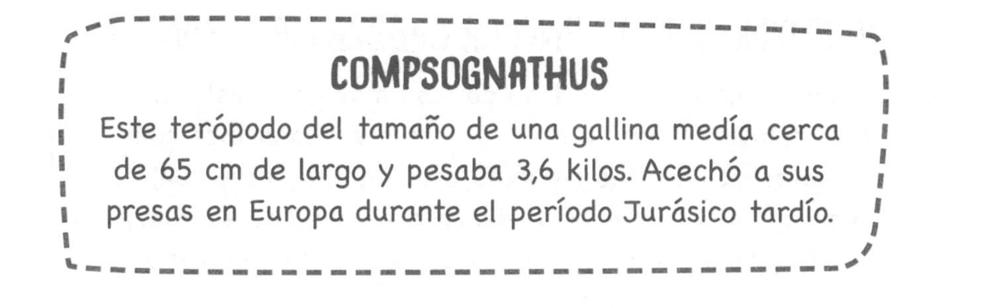

HESPERONYCHUS

Este depredador del tamaño de un gato doméstico vivió en América del Norte durante el Cretácico tardío y podía crecer hasta 50 cm de largo y pesar 2 kilos.

¿LO SABÍAS?

Los primeros vertebrados en desarrollar habilidades de vuelo reales fueron los pterosaurios, pero más tarde compartieron los cielos con el Microraptor y las primeras aves.

¿QUÉ DINOSAURIO TENÍA LA CABEZA MÁS GRANDE?

Los dinosaurios con las cabezas más grandes eran los herbívoros con cuernos y gola ósea conocidos como ceratópsidos. Sus cabezas eran tan gigantes que, a veces, constituía el 40% de todo el largo de su cuerpo. El premio se lo llevan dos primos: el Torosaurus y el Pentaceratops.

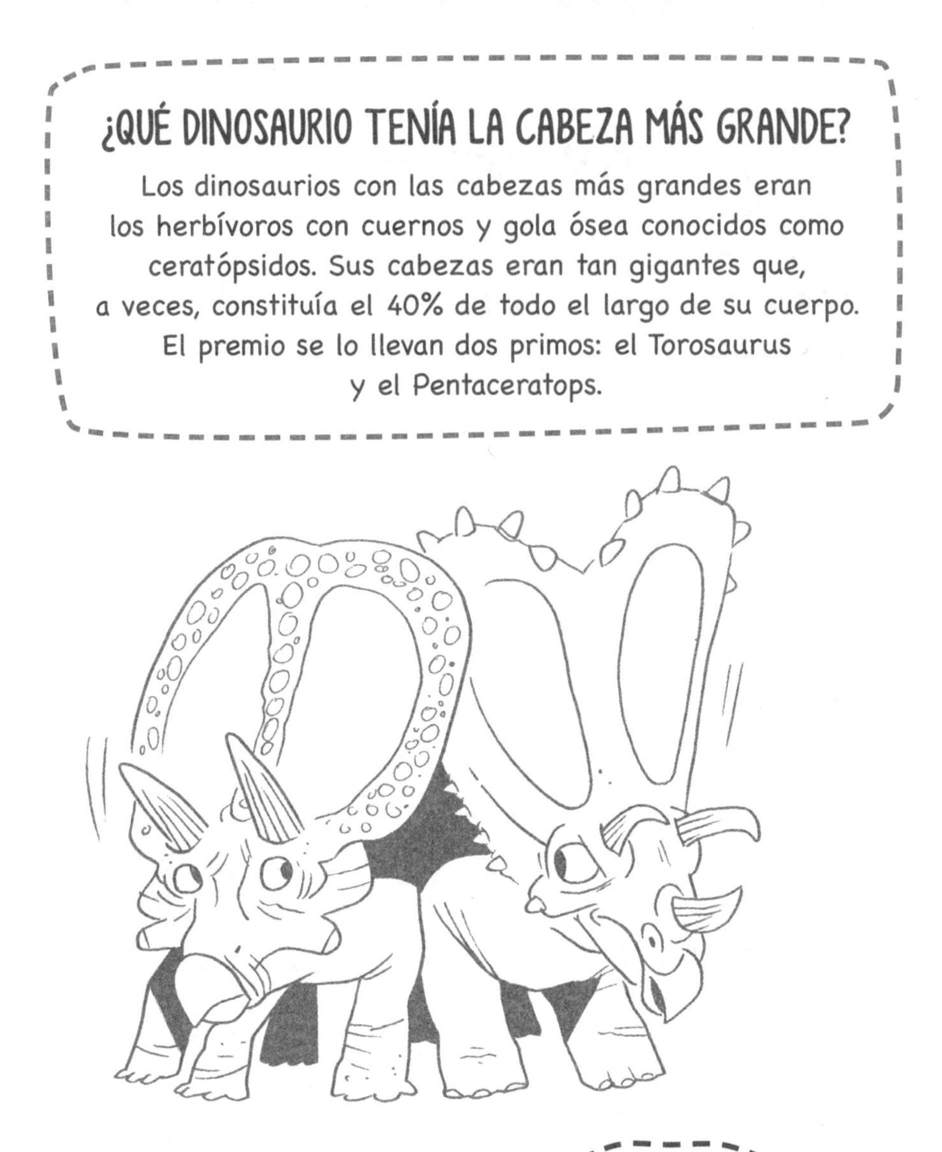

¿LO SABÍAS?

Se cree que la gola ósea del Pentaceratops y del Torosaurus tenían colores llamativos y la usaban para exhibirse.

¿QUÉ TAN GRANDE ERA LA CABEZA DEL TOROSAURUS?

El Torosaurus era un pariente cercano del Triceratops y tenía una gola y cuernos similares. La longitud de la cabeza del Torosaurus, incluyendo su gola, era de 2,77 metros. ¡El mismo largo que un automóvil pequeño! Se cree que su cráneo es el más largo de todos los animales terrestres que hayan existido en la Tierra.

¿QUÉ TAN GRANDE ERA LA CABEZA DEL PENTACERATOPS?

Este primo del Torosaurus vivió un poco antes, en el período Cretácico tardío. Había pocas diferencias entre sus cráneos, el del Pentaceratops era levemente más pequeño: 2,75 metros de largo.

¿LO SABÍAS?

La gola del Pentaceratops y del Torosaurus estaba hecha de huesos delgados con dos aberturas grandes en el centro, por lo que no habrían servido de protección.

¿CUÁL ERA EL DINOSAURIO MÁS GRANDE CON PLUMAS?

Los huesos del dinosaurio más grande con plumas fueron encontrados por accidente en 2005. Un grupo de paleontólogos estaba grabando un documental en China sobre los restos de un saurópodo, cuando descubrieron un hueso misterioso enterrado entre ellos. Era el fémur de un Gigantoraptor, la criatura emplumada más grande que haya caminado en la Tierra. Era similar a otro terópodo extraño: el Therizinosaurus.

¿LO SABÍAS?

El Gigantoraptor tenía pico en lugar de boca y se cree que comía plantas, insectos y mamíferos pequeños, pero nadie lo sabe con certeza aún.

¿QUÉ TAN GRANDE ERA EL GIGANTORAPTOR?

Con un peso de 2.000 kilos (el equivalente a más de 14 avestruces), el Gigantoraptor fue la criatura con plumas más pesada. Medía 8 metros de largo (35 veces más grande que su primo oviraptor más cercano y no mucho más pequeño que el T-Rex). Al igual que otros oviraptores, el Gigantoraptor estaba armado con garras largas y mortales en las patas y podría haber superado en velocidad a la mayoría de los depredadores terópodos. Tenía alas, pero solo las aleteaba para exhibirse. Además, ponía algunos de los huevos más grandes que se hayan descubierto.

¿HABÍA OTROS DINOSAURIOS GRANDES CON PLUMAS?

También podemos encontrar al Beipiaosaurus. Este fue el dinosaurio emplumado más grande de todos cuando fue descubierto en 1999, pero con sus 2,2 metros de largo se habría visto diminuto al lado del Gigantoraptor.